自由な職場をつくり、チームの力を
最大限に引き出すための

よくわかる！
心理的安全性入門

大村美樹子
公認心理師／産業カウンセラー／
（株）アイビー・リレーションズ代表取締役

standards

はじめに

目覚めたとき「今日もいい日になりそう」と思える朝。その日のすべての仕事を終え、「今日も一日、充実した時間だった」と満足できる夜。日々の暮らしをこのような満足とともに過ごすことは、ささやかながらとても大事なこと。

このように、個人が自分らしく、個性を発揮できる状態を保つために大切な考えかたが「心理的安全性」です。

心理的安全性とは、人が自由に意見を出し合い、失敗やミスを恐れずチャレンジできる状況のこと。特に企業や組織では、人々の満足度を上げるだけでなく、生産性を高める鍵となるものとして近年、注目を浴びています。

■自分を表現し、認められる環境づくり

心理的安全性が保たれた環境では、人々は自分自身を表現し、気兼ねなく新しいアイデアを提供することができます。「周りの人がどう思うか」とか、「こんなことを言ったら後が怖い」などの気兼ねや心配をすることなく、自由に思ったことを発言することが可能になります。これは、上下関係を重んじるあまり、言いたいことを言えないのが普通だった環境には馴染まない考えかたかもしれませんが、**思っていることを率直に表現し、それを認め合うことこそ、現状改善の最短距離でのアプローチと言えるでしょう。**

■コミュニケーションスキルが高まる

このような環境を実現するためには、コミュニケーションの技術も大切です。相手の言葉を否定することなく、認めていくには、何事もオープンな気持ちで受け止

めることも必要になるでしょう。その結果、異なる意見を受け入れ、共感を示せるようなスキルが身につきます。**相手を否定することで自己の存在を主張するのではなく、自分は別の視点からの意見を伝えるといったアプローチを行うことで、さらに豊かな議論の展開が期待できます。**

■ 心理的安全性の活躍場面

心理的安全性は、企業や公的な組織に限らず、さまざまな場面で効力を発揮します。人が自由に意見を出し合えて、失敗やミスを恐れずにチャレンジできる環境は、学校やさまざまな集団、ひいては家庭などでも、ともすれば阻害されがちになります。**一人ひとりがその人らしく、自由であるはずのプライベートな場面でも、見えない力関係が働き、弱い者が我慢をするといった状況が生まれているのです。**立場の強い人間が、自分の思い通りに行動するために、言うことをきかない他者を追い詰めたり、罰したりする状況はなかなかなくなりません。本来なら、お互いがお互いを尊重し合う状態こそ、誰もが望むものにも関わらず、力関係に依存する環境から抜けられない人々もいます。

心理的安全性を高める工夫を身につけることで、不毛な争いやハラスメントから脱するきっかけを見つけることができるでしょう。

■心理的安全性のメリット

心理的安全性の向上は、次のようなメリットを生み出します。

●自由なコミュニケーション

会話やチャット、メッセージなど、コミュニケーションを行う手段はさまざま。**これらの場面において、自由に、オープンにコミュニケーションができるようになります**。自分の思いや考えを自由に伝えても、非難されることなく共感してもらえる環境です。このような場所では、人々は自分自身を表現し、新しいアイデアを提供し、他者からの適切なフィードバックを受け取ることができます。それが相手の考えを修正したり、逆の見方であったとしても、違いを示すことは、相手を否定するものではありません。

●アイデアが活発に生まれる環境

心理的安全性が高い環境では、失敗やミスをしても、それは成功への一過程に過ぎないととらえられます。そのため、新たな行動に対しても、恐れずチャレンジすることができます。**さらに、このような環境では、人々はリスクを取り、新しいアイデアを生み出すことができます**。また、挑戦に対するハードルが低いことで、成功に結びつく確率も上がります。このように自分の考えに自信を持って取り組むことができるので、自己肯定感や自己効力感（エフィカシー）を高めることにもつながります。

●適切なフィードバックをもらえる

望ましいフィードバックとは、本人には見えない部分について、他者がそれをレベルアップするために行うもの。**心理的安全性が担保された環境では、改善に向けての積極的なフィードバックを受け取りやすくなります。**このような環境では、人々は安心して自分の弱点や修正すべき点を知り、さらに精度の高い行動に切り替えられます。また、お互いがフィードバックし合うことで、自分も含めた成長を促すことができ、ひいてはチーム全体の向上につながります。

●連帯感が高まる

心理的安全性が高まった結果、相互理解が進み、協力的なチームワークが生まれます。チームワークの高さは、効率的な作業の進行、課題解決の迅速化、メンバーのモチベーションの向上、スキルの向上など、多くの利便性をもたらします。**メンバー同士が協力し合い、お互いの得意分野を生かすことで、目標達成にも近づきや**

すくなります。さらに、困難な場面では励まし合い協力し合うことで、状況の克服にもつながるでしょう。

このように、心理的安全性は単なる流行語ではなく、これからの社会をより良くしていくために重要な考えかたとして定着していくことでしょう。

本書では、互いに尊重し、共感することができ、協力的なチームワークが生まれる心理的安全性の高い場を作るための考えかたとコツをお伝えしていきます。これまで私が心理職として関わってきた事例をもとに、上手くいく心理的安全性の高めかたについて、解説させていただきます。多くの職場や教育機関、また個人のカウンセリングを通して行ってきたことが、お役に立てば幸いです。

大村 美樹子

あなたの職場は大丈夫？
心理的安全性チェックシート

本題に入る前に、今現在の職場が心理的安全性を確保できているかどうか、セルフチェックできるシートをご用意しました。思い当たる項目があったらチェックを入れてみてください。

1. □ 苦労して書いた提案書を上司に見せたら、会議で上司の発案として提出されていた
2. □ リモート勤務が増えると「あいつ、会社に来ないで何やってるかわからない」と陰口をたたかれる
3. □ 上司が間違ったデータを使って資料を作成していても、指摘しにくい
4. □ 後輩が自分より良い評価をもらっているとイヤな気持ちになる
5. □ 作業が間に合わないときでも、周りにサポートを頼みにくい
6. □ 前例のないアイディアを実行しようとすると、会社側からブレーキをかけられる
7. □ 役員と仲の良いメンバーが出世するケースが多い
8. □ 性別によって担当できる業務が異なる
9. □ 本人の希望や特性にかかわらず、組織の都合で異動させられる人が多い
10. □ 問題が起こると、すぐに犯人捜しがはじまる
11. □ 同僚のプレゼンテーションの改善点をコメントしたら、口をきいてくれなくなった
12. □ これまでに身につけたスキルを活かせる業務を希望しても、そのような部署に配属されたためしがない
13. □ 業務上の失敗は、再発防止だけを約束され、今後に生かすという視点がない
14. □ 子育て中の女性は管理職になれないという不文律がある
15. □ わからないことがあっても、部署内のメンバーに教えてもらうことは難しい

▶判定

チェックの入った項目の数で判定します。

- ☑ 1～5個：パーフェクトではないにしろ、心理的安全性は比較的高いほうと言えます。チェックの入った項目の解決法は本書を通して学べます。
- ☑ 6～10個：心理的安全性がやや低い、要注意の状態です。チェックの入った項目の問題を放置せずに、解消への道を探りましょう。
- ☑ 11～15個：心理的安全性がかなり低い、危険区域です。職場全体で問題点の解決に取り組む必要があります。

自由な職場をつくり、チームの力を最大限に引き出すための
心理的安全性入門《もくじ》

第1章 「心理的安全性」って、いったいなに？

第2章 「心理的安全性」が役立つ7つのポイント

第3章 多くの職場で「心理的安全性」が機能していない理由

第4章 「心理的安全性」を長くキープするコツ

第5章 ウェルビーイングな職場を創造する「心理的安全性」

第 1 章

「心理的安全性」って、いったいなに？

最近、さまざまな場面で「心理的安全性」という言葉を聞くことが増えました。なんとなく「職場で安心して働ける状態」のことを指すのはイメージできるとしても、具体的にはどういうことなのか、よくわからないという方もいるでしょう。第1章ではまず、「心理的安全性」とはいったいなんなのか？について、わかりやすくご説明します。

Section

1-1

心理的安全性の意味と必要性

■ 心理的安全性とは

人間誰しも「自分らしくあろう」と思ったら、周囲から物理的にも心理的にも攻撃されない状況にいられることが基本的な条件。普通に生活していく中では、外からも一目瞭然の形で攻撃されているような状況というのは滅多にありませんが、環境から自分が受け取る心理的な影響によって、安全であるはずなのに、知らず知らずのうちにメンタルが辛い状況に追い込まれてしまう場合があります。

特に、仕事の場面においては、周囲との関わりが「自分らしくあろう」とすることを阻害するような事態が、少なからず起こりがちです。

「自分はこう思っているけれど、それを言うと角が立つかもしれない」
「それは違うと感じても、お客様や上司の意見なので従うしかない」
「『余計なことを言うやつだ』と嫌われたり、自分の評価が下がってしまったりするのが怖い」

このような理由で、自分の気持ちや考えに素直に従って行動することができなくなってしまう経験は、誰にでもあるのではないでしょうか。

言いたいことが言えない、アイディアを伝える機会が持てない、チャレンジができないといった状況は、職場の雰囲気に悪影響をもたらします。それだけではなく、ビジネスの生産性にまで反映されるという研究結果も出ています（※注）。

このようなことが起きないチーム（職場）であるための要素として、ハーバード・ビジネススクールの教授エイミー・C・エドモンドソンは、

「自分の意見を安心して発言できる」
「他人の意見を冷静に受け止めることができる」

ことを挙げています。このような状態を「心理的安全性が高い」と定義し、心理

的安全性の基盤ができている場合において、チームの協力体制が十分に機能することを見出しました。

心理的安全性を構成する7つの要素は次の通りです。

❶チームの中で失敗しても非難されない
❷お互いに課題や難しい問題を指摘し合える
❸ひとりひとりの個性や違いを受け入れる
❹チームに対してリスクのある行動をしても安全である
❺他のメンバーに助けを求めることができる
❻誰も自分の仕事を意図的におとしめるような行動をしない
❼仕事をするとき、自分のスキルと才能が尊重され、活かされていると感じる

〈※注：2012〜2016年にグーグル社で行われた実践的研究「プロジェクト・アリストテレス」によると、高い成果を生むチームは、構成メンバーの属性に関わらず、その協力体制の充実度（心理的安全性の高さと、相互信頼、構造と明確さ、仕事の意味、インパクト）が共通事項であったことが示された〉

■人間関係が心理的安全性をおびやかす

どんな職場でも、人間関係のストレスが働く人を取り巻いています。厚生労働省の調査（次ページ【図１】【図２】）では、仕事や職業生活に関する強い不安、悩み、ストレスを感じる労働者の割合は半数を超えており、これは調査を開始した平成14年から変わっていません。

また、ストレスを生み出す要因のトップ３として、

「仕事の量・質：56・7％」

「仕事の失敗、責任の発生等：35・0％」

「対人関係（セクハラ、パワハラを含む）：27・0％」

といった項目が挙げられていますが、上司から部下への指示や、仕事のミスやトラブル発生時のやり取りが負荷になると考えられることから、３つとも職場内での人間関係に起因しているとも読み取ることができます。

つまり、働く人にとっては、職場でのコミュニケーションがスムーズにできれば、

◎【図1】仕事や職業生活に関する強い不安、悩み、ストレスを感じる労働者の割合

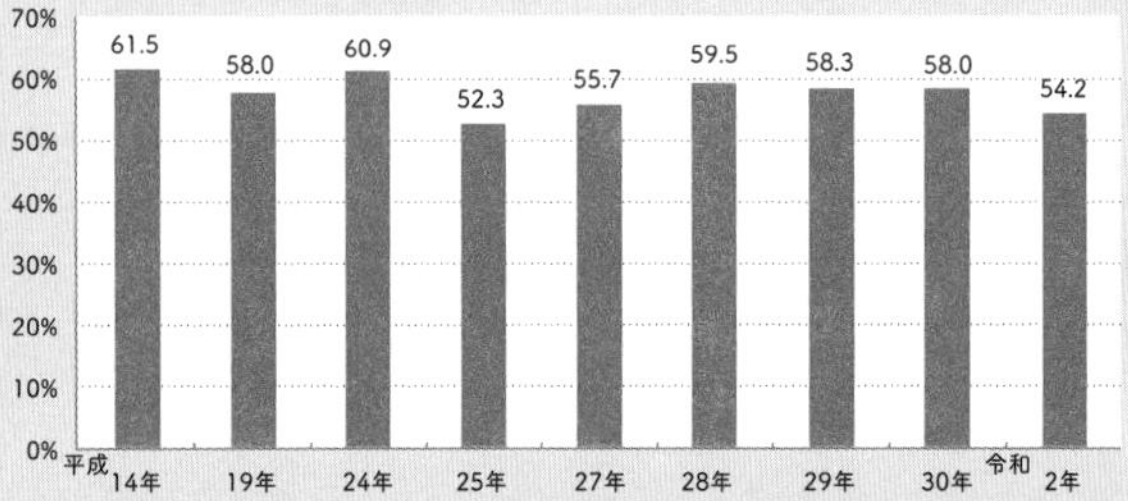

（資料出所）厚生労働省「労働安全衛生調査（実態調査）」をもとに作成
ただし、平成14（2002）年、19（2007）年、24（2012）年は厚生労働省「労働者健康状況調査」
（注）1. 常用労働者10人以上を雇用する民営事業所で雇用されている常用労働者及び受け入れた派遣労働者を対象。
2. 平成26（2014）年及び令和元（2019）年は「労働安全衛生調査（労働環境調査）」を行っており、本事項については調査していない。

◎【図2】「仕事や職業生活に関する強い不安、悩み、ストレスを感じる」とした労働者のうち、その内容（令和2年）

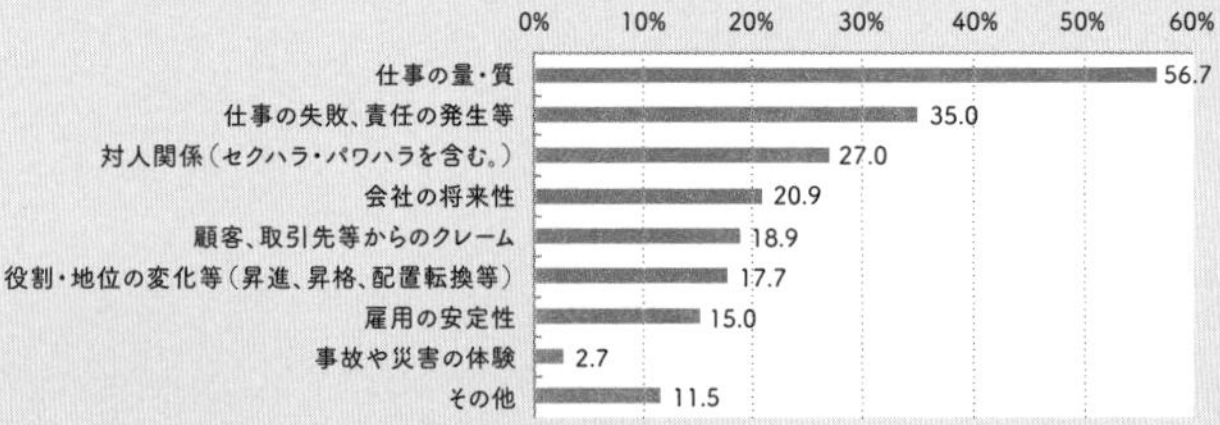

（資料出所）厚生労働省「令和2年労働安全衛生調査（実態調査）」をもとに作成
（注）1. 常用労働者10人以上を雇用する民営事業所で雇用されている常用労働者及び受け入れた派遣労働者を対象。
2. 主なもの3つ以内の複数回答

出典:厚生労働省「職場におけるメンタルヘルス対策の状況」
https://www.mhlw.go.jp/content/11200000/000845811.pdf

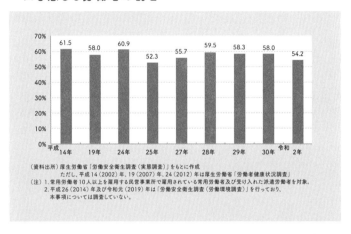

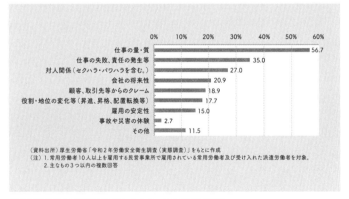

ストレスを感じるきっかけは大幅に減ることが想定されます。

逆に考えると、人間関係が上手く機能しないままでは、どんなに仕事ができても、ストレスフリーにのびのびと成果を上げることは難しいとも言えます。

■職場とそれ以外の場での心理的安全性は違うのか

心理的安全性の定義では、職場（あるいは「チーム」）単位での関係性を基にした考えかたが取り入れられています。業務遂行を通じたつながりの中での行動パターンなどをターゲットにしていることによるものですが、実は心理的安全性の考えかたは、それ以外の場面でも活用できます。

例えば家族間の場面。常に批判的な母親がいると、子どもは本当に思っていることを口にすることができません。もちろん、生活習慣や学校の勉強など、すべきことができていない場合の叱責などは、ある程度は許容範囲内です。しかし、大人であるという立場を利用して、必要以上に親の思うままに子どもの行動の選択肢を狭め、親の思い通りになるように管理することは、子どもにとっては心理的安全性の低い状況と言えます。

職場などにおける人の関係性と異なる点は、どんな状況でも子どもは親に受け入れられたいという気持ちを持ち続けているというところ。だからこそ、一見、理不尽な親の叱咤を拒むことなく、言いなりになっている例が多く見られるのです。

このように、傍から見れば、子どもが親の言うことを素直に聞くような良好な親子関係として映っていても、実際には子どもの心理的安全性が低い状態のまま養育されているケースも少なからずあります。その結果、子どもがのびのびと発想や発言をしたり、チャレンジ精神を発揮したりするような機会を奪われたまま、成長していくことになります。こんな状況においては、本来のその子らしさが封印された状態が続くことで、心理的安全性が低いまま残り、能力を発揮すべき場面などに悪影響が出ることも想定されます。

したがって、職場に限らず、家庭や学校などの場面においても、心理的安全性を保つことは課題になり得ます。さまざまな組織の中で、心理的安全性を保つことができていることが、自分らしくあるために必須の条件と言えるでしょう。

■信頼のベースを築く

チームの中でバランス良く心理的安全性を保つためには、相手との適切な距離感をとることがポイントのひとつです。

日ごろ、自由に意見を言いたいと思っていても、メンバーが熱意をもって別の提案をしてきたときに、「自分の意見のほうが実践的だと思うけれど、ここは相手のためを思って言わずにおこう」「ここで発言の主導権を譲っておくことで、次のさらに重要な局面で自分の意見が登用される確率が上がるかも」などと、頭の中で相手への配慮や計算をすることはないでしょうか。

もちろん、他の人のアイディアを聞いてみると、自分の意見より優れていて「そちらのほうがよさそう」と思い、発言を控えることはあり得るでしょう。でも、どんなに優れた内容であっても、他の視点と比較してみることで、長じている部分が明確になるもの。ここで自分の提案が「負かされる」ことが気に食わない、という気分にならないようにするためにはどうしたらいいでしょうか。

ここで力を発揮するのが、周囲との信頼関係です。自分の属するチームの中で、より良い結論が案出されることは、自分にとっても望ましいこと。**メンバー同士の勝ち負けではなく、お互いが利害関係なく、全体にとって望ましい結果に向けて歩んでいく、という信頼関係を築いていれば、個人の成果だけにこだわらずに、チームを良い方向に導くための大きな一歩を踏み出せるはずだと確信することができるでしょう。**このような相互信頼のベースがあれば、誰かから陥れられたり、誹謗中傷されるといったリスクを考慮する必要もなく、皆が安心して、チームのためにベストを尽くせるようになるはずです。

■さわやかに行動する

チームで活動するときには、どんな業務であっても、自分にとっての意味を見出し、積極的に取り組みたいもの。「気が進まないけれど仕方ないから担当する」「他に誰もやらないから自分がするしかない」「自分が皆のために犠牲になる」などと考えて取り組むことは、傍から見てもネガティブな印象を与えるばかりか、よい結果につながることを妨げる要因にもなります。

それでも前向きな気分になりにくいというときには、その仕事の位置づけや、本質的な意味合いなどを紙に書き出してみるといいでしょう。場合によっては外の人に頼めるような案件や、さらに効率的にできる手段に気がつくことで、見直しを提案してみるのもひとつの手かもしれません。

真摯に業務内容を検討する姿勢は、チームの人間関係をフラットに保つために大切な要素。他のメンバーが気づかない点も的確に指摘して、全体の流れを良い方向に導くきっかけにもなります。

どんなときも、さわやかな行動を心がけるようにすることは、チームへの貢献意欲を高め、心理的安全性を担保することにつながります。

Point

心理的安全性とは「自分の意見を安心して発言できる」「他人の意見を冷静に受け止めることができる」環境のこと

Section

1-2

働く人に悩みが生まれるメカニズム

■我慢して当たり前、がはびこる職場

「仕事なんだから仕方ない」
「そのくらい我慢しろ」
「返事はハイか、Yesで」

というように、NOと言えない、または言わせない上司がいます。「自分の若い頃は……」という昔話がセットで語られることもあります。

このように、意見への反対を許さない管理職がいると、心理的安全性は一気に低下します。何を言っても聞き入れずに、自分の考えに固執する人は、相手の考えを

尊重する能力のなさを露呈しています。

リーダーであれば、部下の思いを受け止めつつ、もしそれが進むべき方向と異なるのであれば、適切に説明を加えながら、納得するような方針を示すべき。「××しかない、異論は認めない」という指導は、固い意志や熱意と誤解されることもありますが、実際には上司としての柔軟性が低い証拠を表すだけのケースになってしまうことがほとんどです。

■ブレーキを踏みながら前進させるリスク

「後で変更が入るかもしれないけど、とりあえずやっておいて」というような言われ方で仕事を依頼されることはありませんか。

頼まれる側にしてみれば、たとえ簡単な作業であったとしても、向き合うには時間とエネルギーが必要になります。一方、頼む側としては「今後の状況次第で変更になりそうだけれど、ないよりはマシ」と、中身を突き詰めていない状態で気分的に相手に投げてしまう、というケースが少なくありません。

このような事例では、「どうせ無駄になるかもしれないのに」と、依頼される側の不満やモチベーション低下を伴ってしまい、自分のリソースを無駄に消費される結果を生み出し、心理的安全性もぐんと下がります。

ですから、たとえ上司からの命令であっても、最適なパターンを想定する手間を省いてはなりません。目的地に向かう車を、ブレーキを踏みながら前進させるような真似は、慎むほうがベターです。

■ 壊れたピラミッドからは瓦礫しか生まれない

さまざまな経緯で、職場内の人間関係が危機的な状況になってしまった場合、その環境下で何か新たな活路を見出そうとするのは、相当の困難を伴います。

売上や社会情勢の変化など、不可抗力的な要因で組織の状態が悪化しているという場合であれば、これまでとは違うアプローチを仕掛けたり、新たに資源を投入することで、良くない場面を切り抜けることは可能かもしれません。しかしながら、一度でもパワーハラスメントなどによる人間関係のトラブルが起こってしまうと、そのままのメンバー構成で立て直すのはかなりの困難を伴います。**それが悪気なく起こったものだとしても、人が原因となった組織へのダメージは、ピラミッドの土台が崩れてしまったようなもの。**いくら新しいパーツを積み上げようとしても、かえって次々と瓦礫が出てくることにつながりかねません。

■「空気を読む」ことの功罪

組織の中で「空気を読む」ことが重要視されるのは、日本の組織の特徴のひとつでしょう。その場の雰囲気、メンバーの行動パターン、プロジェクトとしてのスケジューリングなどが重視される状況では、これまでの成功例、あるいは単なる習慣にしたがっての行動が是とされ、すでに存在している型を壊すような行動はタブーとされがちです。

もちろん、いまの状況が最適解であれば変える必要はないのですが、変化を厭う「空気」については要注意。事が上手く運んでいた前例があったとしても、そのときと現在では、周囲の環境もなにかしら異なるはず。

◎「空気を読む」ことに違和感をもつ

これまでの方法に疑問を持ったとき、それを自由に指摘し、チューニングしていけるような職場の雰囲気づくりは、心理的安全性を確保するために欠かせない要素となります。

■ 機能しない気遣いはいらない

「あなたのためを思って」と、気づかれなくても相手がやりやすいように見えない気遣いをすることは、一般的には美徳とされています。もちろん、他人を思いやる気持ちは重要ですし、自己中心的な行動をとらないためにも、他者の立場に身を置いた視点をもつことは、どんな場面でも必要です。

しかしながら、必要以上の気遣いを求めるのは、組織全体のエネルギーの浪費になりかねません。

例えば、年齢の高い人を重んじるばかりに年若いメンバーの発言力を軽視したり、顧客の言うことはどんなことでも否定せずに言いなりになるなど、相手の立場によって過剰な気遣いをすることは、自由な意見交換を阻害するとともに、心理的安全性を下げる引き金にもなります。**順序や手段はその場に応じてアレンジするとしても、重視すべきは機能重視型のアプローチなのです。**

Point

働く現場にはさまざまなタイプのストレスの原因が生まれがち。心理的安全性はそれを和らげる要素として機能する

Section

1-3

チームと個人の望ましい関わりかたとは？

■ 打ち合わせは短時間で

2020年からのコロナ禍をきっかけに、ネットを利用したリモートワークをはじめ、さまざまな形態での働きかたが取り入れられるようになってきました。昨今では、多くの場面でソロワークの優位性が明確になってきています。

ちょっとした立ち話からアイディアが生まれたり、共に意見を戦わせることが新たな創造につながるというのも事実ですが、むしろ何も準備ができていないゼロベースの状態で「とにかく打ち合わせをしよう」「意見を出し合っているうちに何かが生まれるはず」という考えは、いまや時代遅れ。いながらにして世界中の情報をサーチできる現代では、個々人が事前に吟味した情報に基づく提案を出し合い、限定した時間内で意見を交わすほうが、はるかに効率よく、質の高い話し合いを実現できます。

頻繁に集まり、ブレーンストーミングを行うことは逆に時間の無駄を生み、またアウトプットの少ない拘束時間が、各人の不満を高めます。**スピーディに行動に移し、ビジネスチャンスを活かすためにも、いたずらに長い時間をミーティングに費やすのではなく、短時間で切り上げる工夫をしていきましょう。**

■我慢して群れる必要なんてない

新しい職場や集団に入ったとき、とらわれやすいのが「仲間がいない寂しさ」。ここで問題なのは、孤立することによって、情報入手がしにくくなったり、場合によっては「あの人、いつもひとりぼっちだよね」と揶揄する口調でのうわさのターゲットになったりすることです。

そのように勝手にこちらのパーソナリティに踏み込んでくるような集団は、こち

らからお断りする勇気を持ちましょう。仕事以外の付き合いや、SNSでのやり取りなど、業務外のコミュニケーションは誰にも強制できません。

群れようとする心理は、忖度を求める気持ちにもつながり、業務における自由な意見交換を阻害する原因にもなりかねません。集団に入っていないと業務上で不便になる時代は過去のこと。我慢せず、ひとりで行動する時間も大切にしましょう。

■ 集団から上手に距離を置くコツ

心理的安全性が担保されていない集団では、しばしばお互いの足を引っ張り合うような行為が後を絶ちません。マウンティングをすることで自己肯定感を上げようとする者がいたり、小さな勝ち負けにこだわり、本質的ではないところで自分の立ち位置を有利にしようともくろんだり。言うまでもなく、そんなやり取りは時間の無駄。もっと効果的に限られたリソースを活用したいものです。

つまらないさや当てに巻き込まれないためにできるラクな方法のひとつが、聞き役に徹すること。「へえ、そうなんですか」「すごいですね」「知りませんでした」など、適当なあいづちを打ちながら、終始聞き流すことです。
「自分には関係ないこと」、そう何度も心の中で唱えるのもよいでしょう。もちろん、その場から逃げられるタイミングを見つけたら、ダッシュでその場を去ることが得策です。

■ 無理やり引きずり込まれそうになったら

職場で単独行動をしていると、「どうぞ、仲間に入ってください」と、親切心で声をかけて来られることがしばしば発生します。**こんなときこそ「断る」スキルを磨くチャンス**。

組織の中にいると、イヤだと思っても、断るよりやんわり受け入れてしまうほうがエネルギーを使わずに済みますし、忙しかったりすると「はいはい、いいですよ」と、その場しのぎの台詞を言ってしまいがちです。そんな言葉を繰り返すことで、どれだけ自分の時間を無駄遣いさせられてきたのでしょうか。

それよりも「いま、ここ」での時間を大切にすることのほうが、よっぽど手軽に人生の時間を有効に活用できるのではないかと思います。

どんなスキルも、使っていううちにレベルアップしていくもの。NOを言う技術をより巧みにするためにも、余計なことに巻き込まれなくなるような工夫を続けていきましょう。

■ひとりぼっちの利点は他にもこんなにある

友だちは多いほどいい、という考えかたもありますが、利益や自己満足のために人づきあいをすることは、本来の「友だち」付き合いとは異なるもの。

むしろ、ひとりぼっちでいることのほうが、自分の価値観に沿って、自分のペースで、独自の発想を生かしながら行動できる能力を伸ばしていく芽にもなります。

食事や趣味に費やす時間も、リラックスするひと時も、相手の好みや体調に合わせずとも、自分でコントロールできるようになります。そして、自分自身の状態を俯瞰してみるセルフモニタリングも随時行うことができ、身体状況やストレスのマネジメントも容易に実行できるようになります。

もちろん、全く誰とも交流しないということではなく、自分、あるいは相手が必要なときに、お互いの都合に合わせてコミュニケーションをする。それが理想的な関係性ではないでしょうか。

Point

チームの空気に合わせすぎることなく、適度にひとりの時間をつくることが、心理的安全性を高めることにつながる

Section

1-4

「型」ではなく「機能」で行動する

■ 大事なのは「型」ではなく「機能」

新たに行動を起こすとき、その方法、すなわち「型」を決めることが重要です。たとえば、顧客に対してプレゼンテーションを行う際には、流暢に相手に伝えたい内容を最後まで伝えることができたとしたら、「型」としては成立します。ところが、表面的に上手なプレゼンができたとしても、その結果として顧客の気持ちを動かして提案が通すことができなければ、そのプレゼンは「機能」していない、ということになります。目指した成果につながることで、初めて行動の「型」が意味を持つようになるのです。

この「型」と「機能」に着目することで、メンバーそれぞれの着想に基づいて行動することが容認しやすくなってきます。ひとつの決まりにとらわれず、さらに上を行く問題解決手法が生まれやすい組織風土を築いていくことができます。

■なぜ「型」にとらわれるのか

多くの管理職は、セオリー通りに業務を行ったり、ルールを守って行動したりすることを重んじる傾向があります。これは「型」通りに仕事をしているかどうかを見るだけで、部下の評価もしやすくなるからです。しかし、実際には、決まりきった行動をしていることで安心していると、目的に沿った結果に結びつかなかったりします。逆に、個性的な方法でチャレンジして、望ましい機能にたどり着いていたのなら、その行動は十分評価に値するものとなっているわけです。

「型」にとらわれず「機能」で判断するような視点を共有することで、より高い品質のアイディアが案出されやすくなるでしょう。

◎【図3】三項随伴性

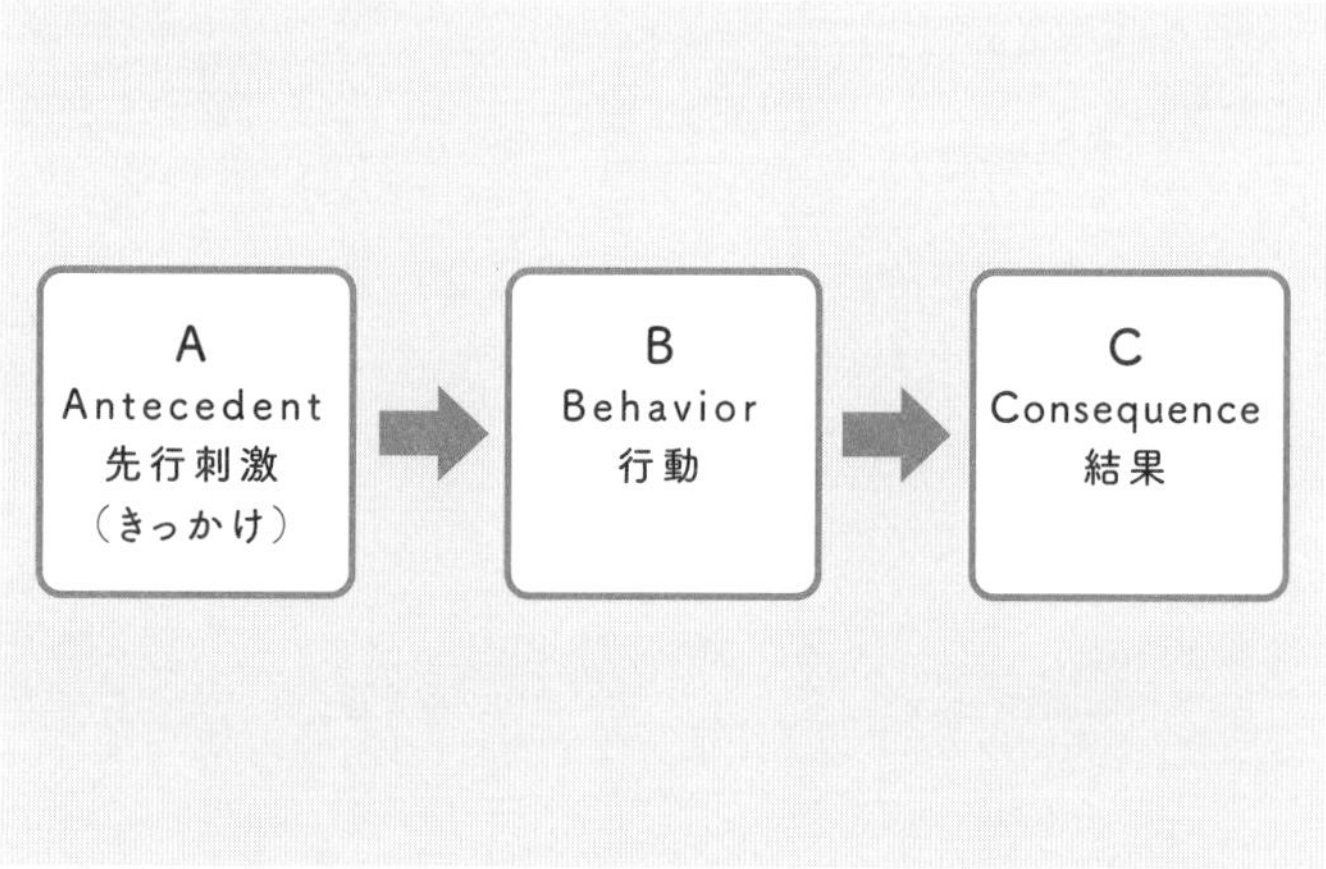

■機能にフォーカスするコツ

やり方が決まっていれば、その行動が指示通りのものなのか否かは、すぐに判断できます。でも「型」ではなく「機能」に着目する場合には、プロセスにおいて、行動の是非を判断しにくいのも事実です。つまり、結果的に「機能」したことがわかってから見分けることが必要になってくるからです。

それでもあえて「機能」を重視するのであれば、方法はいくつかあります。

まずは事前に、想定される「型」と「機能」の組み合わせを明らかにしておくことです。フローチャートなどを使って、ビフォー&アフターを示しておくことで、「何のために行動をしているのか」その内容をチーム内で共有できます。また、もし行動が上手く機能していないという場合には、何がきっかけで、どんな行動によって機能したか／しなかったかを、随伴性の枠組みから考えることが有効になります。

これは、臨床心理学のひとつである認知行動療法で用いられている方法で、三項随伴性《さんこうずいはんせい》と呼びます。先行刺激（きっかけ）と、それによって起こった行動、行動によって引き起こされた結果を3つのパートに分けて分析していくという考え方です。

【図3】のように、あるきっかけに対し、どのような行動を起こすと望ましい結果が得られるのかを、パズルのようにパーツを組み換えながら考えていきます。

Point

「型」にとらわれず、「機能」で判断する

Section
1-5
「セーフティゾーン（安全な場所）」を拡げるコツ

■ あえて意見を言ってみる

心理的安全性の担保されていない組織においては、まずは個々人がためらわずに意見を言える環境にすることが求められます。空気を読み、上司や同僚の顔色をうかがわないと発言できない場所であれば、**勇気を出して、自分から発言してみることを習慣づけていきましょう。**

まずは、力のある人の発言を受けて「そうなんですね。勉強になります」などの承認の言葉で切り出し、「ご意見を聞きながら、私が考えたことについてもお話ししてよいですか」というふうに相手の許可を受けるような「型」を活用しながら、丁

◎勇気をもって自分から発言する

寧に意見を伝えていくとよいでしょう。

もちろん、場面や相手によって、こちらの意見が受け入れられるかどうかは分かれますが、会議やミーティングの場で、それぞれの意見を発表するという行動を起こしていくことで、組織の心理的安全性を高めていくきっかけにすることができます。

■他人の「可哀想に」をはねのける

新しく行動を起こそうとすると「あの人、浮いてるよね」「言われた通りにしていればいいのに」「上司に嫌われて可哀想にね」などと、うわさ話のネタにされることもあります。こんな状況になるのは、心理的安全性が低いからこそ。

相手によっては直接、意地悪やハラスメントを仕掛けてくることもありますが、**毅然とした態度で受け流すようにしていきましょう**。

他人から何を言われようと、「余計なお世話」と、さわやかにスルーするのが賢明な方法です。

■ 共感してくれる誰かがいつか現れる

心理的安全性を高めるための行動が職場の中で機能してきたら、周囲からも同様な考えが浸透してくることでしょう。いわゆる「ハチドリのひとしずく（森が火事になったとき、ハチドリがくちばしで一滴ずつ水を運んで注いだところ、あるタイミングで変化が起き、いつしか鎮火したというたとえ）」とも呼ばれるティッピングポイント、つまり転換点が訪れた証拠でもあります。

そうなったらチャンスです。**職場の仲間を巻き込んで、心理的安全性が担保されるような職場づくりに取り組んでいきましょう**。

前述の「心理的安全性を構成する7つの要素」すべてがすぐに叶わなくても、ひとつでも機能するようになったら、相互作用的に他の項目も実現されていくはずです。ひとつずつ、ひとりずつ、地道に安全性を高めていくよう、寄与していきましょう。

■ セルフコンパッションを大切に

どんなときも、心理的安全性を支えるのは心身の健康管理。心が健やかに保たれないと、チームでお互いを尊重する余裕が失われてしまいがち。それでも、自分の良好な心理状態を保ちつつ、他者も大事にしていくことが要求されますが、そんな時に有効なのが、「セルフコンパッション」という考え方です。

この概念を提唱したテキサス大学オースティン校准教授のクリスティン・ネフによると、**セルフコンパッションとは「自分への優しさ」、「共通の人間性」、および「マインドフルネス」の3つで構成されており、いずれも自分に対する慈しみの気持ちを保つのに役立ちます。**そして自分だけではなく、周りの人に対してもあるがままの状態を認め、お互いが相手の存在をポジティブに受け入れていくことで、心理的安全性が自然に根付きやすい土壌が培われるでしょう。

Point

勇気をもって自ら発信していくことがチームの空気を変えていき、心理的安全性を担保するきっかけになる

心理的安全性を守る会話

①上司から部下への会話 編

上司は部下の管理監督をする義務や、リーダーシップを発揮して、正しい方向へと導くのが仕事。そのためには、まず部下の存在を受け入れ、それぞれの個性に合った対応をすることで、職場の心理的安全性を高めます。

1 自分が責任をとれる存在だと認識してもらうこと
「何かあったときこそ、自分のことをうまく使ってほしい」

2 失敗を恐れずチャレンジすることを促すこと
「やってみないと結果はわからない。まずは行動してみること」

3 判断に迷う場面では相談を促すこと
「私のこれまでの経験にヒントがあるかもしれないから、よかったら声をかけて」

4 可能な限りコミュニケーションを取りたい気持ちを伝えること
「なかなかゆっくり話をする時間がとれないけど、今日はじっくり聞かせてね」

5 もし失敗しても、次に進むよう励ますこと
「今回のことが次のチャレンジにつながりそうだね」

6 時には感情的になるのも認めること

「そんなことがあったら、気持ちが抑えきれなくなるのも仕方ないよね」

7 皆が公平に大切な存在だと伝えること

「あなたたちの一人ひとりがこの職場を築いてくれていることを実感します」

8 新たなアイディアを歓迎すること

「あなたの発想力がうちのプロジェクトに力をくれそうだ」

9 前例のないことへのチャレンジを勇気づけること

「この新たな挑戦にワクワクしています」

10 こちらの考えも積極的に伝えること

「(部下の提案を受けて)なるほど、そんな考えかたもあるね。他にこういう考えはどうかな?」

11 ワークライフバランスを重視すること

「たまには仕事のことは忘れて、ご家族を第一に考えて」

12 いざというときにはいつでも力になることを認識させること

「困ったらどんなときでも遠慮なく言ってほしい」

13 部下が失敗をごまかしたり、隠した時にも攻撃せずに指摘すること

「どうしたのかな、あなたらしくないね」

14 ミスを報告してきたときには、叱らずまず受け止めること

「そんなことがあったんだね。どう対応すべきか、一緒に考えてみよう」

第 2 章

「心理的安全性」が役立つ7つのポイント

だれもが気兼ねなく意見を述べることができる組織は生産性が高く、かつ自分らしくいられる場を作ることができます。これはチーム全体にとってメリットだけでなく、それぞれのメンバー個人にとってもさらなる可能性の拡がりを生み出します。この章では、心理的安全性が担保されることで生まれる、個人レベルのメリットについて、考えてみましょう。

Section
2-1
やる気を自分から見つけられる

■押しつけの目標に惑わされない

仕事でもプライベートでも、達成すべき目標に対し、いかに積極的に、主体的に臨めるかどうかが、進捗の鍵を握ります。モチベーション、すなわち課題に対する動機付けは、自発的に問題に直面することからはじまります。ここで、組織から命令された方針や、上司から一方的に押し付けられた目標に従っていては、意欲的に実力を発揮しようという気にはなれないでしょう。

チームの心理的安全性が担保されていれば、メンバーそれぞれが自身の価値観に沿って、最も自分が取り組みやすい形でタスクに向き合うことができます。もちろん、上司や同僚からその目標に対してコメントをもらうことはありますが、決して非難されたり、否定されたりすることがないとわかっていれば、前向きに受け取ることができるでしょう。

自分では見えなかった盲点を指摘してもらえるチャンスを最大限に活かし、自分の力だけでなく、他のメンバーの力も借りながら、より実効性の高い工夫を行うことも可能です。

心理的安全性の高い職場では、押し付けではなく、自ら設定したゴールに向けて、意欲的に成長していくことができるようになるでしょう。

■自分なりのアプローチをつかむのが肝心

仕事に対するスピード設定や、具体的な手順の踏み方などのプロセスは、それぞれ個人の取り組みやすい方法で行うことが理想です。最初に全体像をつかむために入念なリサーチを手掛けてから動き出す場合や、まずざっくりとしたアウトラインに沿って実践した結果を踏まえてターゲットを絞りこむケースなど、それぞれのアイディアの方向性によっても、適切な方法は異なってくるでしょう。

心理的安全性の高いチームでは、一定の方法にとらわれず自分なりのアプローチを検討し、実行することが許されています。自分のペースをつかみ、最高の結果に結びつけられるように丁寧に下準備をしていくことが、成功につながる取り組みとなります。

■ 時間の質を意識する

決められた時間枠の中で仕事をしていると、タスクを終えることだけに集中してしまいがち。時間給で働くようなスタイルならばなおさら、その場面において精一杯課題をこなすということが、「仕事をしている感」につながることもあるでしょう。

でも重要なのは、限られた時間枠の中で、自分がどれだけ行うべきことを達成できるかということ。

決まった時間の中でその日にすべきことを量・質ともに満たすことができるかどうかということです。特に、自分なりの工夫をして物事に取り組むことで、質の高

◎自分にとっての北極星（道しるべ）を見つける

いアウトカムにつなげることができます。

このような仕事の仕方も、心理的安全性の高いチームでは、その人なりの個性が尊重されるため、無理なく実現することができるようになるのです。

■まず北極星を見つけよう

自分にとっての仕事のテーマや目標は、その時々のニーズによって変化していきます。それでも、時間が経っても変わることのない、自分ならではのポリシーを定めておくことで、状況に左右されない生きかたを続けていくことができます。

例えていうのなら、それは北極星のようなもの。どこにいても、同じ場所に位置している自分にとっての道しるべ。

「貧困のない世界を作ることに寄与したい」「働く母親のサポートとなる仕組みをつくりたい」など、その人なりの目指すところを明確にしておくことは、心理的安全性の高い職場において、さらに働きやすく成果を高めることにつながります。

Point

心理的安全性の高いチームでは、既成の「こうあるべき」「〜しなくてはならない」という思い込みから自由になり、自分が本当に取り組みたい目標を再設定できる

Section
2-2
自分の壁と対峙し、超えるきっかけができる

■「自信」は経験しないと生まれない

仲間うちや会議の場などで、あまり発言しない人にその理由を尋ねてみると、「自分の意見に自信がないから」という答えが返ってくることが多いようです。また、もう一歩踏み出せばもっといい状況になるとわかっていても行動をためらう人も、「上手くいくかどうか自信がない」と思っているケースがよく見られます。

冷静に考えれば、物事が100パーセント正しく、確実に成功する方法など、この世にあるわけがありません。でも「やってみないと成功することはあり得ない」というのも事実。つまり、自信があろうとなかろうと、まずは試してみて上手くい

けば、そこから自信が生まれてくるということです。

心理的安全性の要素のひとつに、「ミスをしてもとがめられない」という項目があります。**つまり、心理的安全性の高い場所では、ミスをしてもそれはひとつの経験であり、ポジティブに今後の自己資源として活用すればよいだけで、この考え方に沿っていれば、誰の非難も恐れずにいられるはずなのです。**

まずはチャレンジを優先して、自分にとっての行動の土台を固めていくことで、自信の有無にとらわれずに、フットワークよく行動を重ねていくようにしましょう。

■ 反省は意味がない

「日本人は反省好きである」とよく言われます。これは、社会においては常に自分の行動を省みる謙虚さが重んじられるという、昔からの価値観によるもの。「自己責任」という言葉もよく聞きますが、仕事の場面で失敗をした場合には、職制の上位者でなければ、自分で責任が取れる範囲は限られています。

反省するよりも、失敗したことを冷静に振り返り、客観的に分析すること。その

上で、成功するまであきらめず工夫してみるほうが、行動の質を上げ、かつ早いタイミングで目標に到達することができます。

失敗した原因を見出し、次の行動計画に活かすためにも、主観的に省みるのではなく、客観的行動に落とし込むことが、壁を超えるには役立ちそうですね。

■段差は小さく

新たな行動にチャレンジする際、心理学ではよく「スモールステップ」という言葉を使います。これは、まだ成功するかどうかわからないことも、少しずつ挑戦し、克服していくことで、実感を持って成功につながりやすくなるということ。

小さなステップを上ったところでひと呼吸すれば、次の挑戦をする前に落ち着いてこれまでの歩みを見直すこともできるでしょう。大きな目標を持つのは素晴らしいことですが、一度に達成可能な高さを見極めて、まずは手近な場所から進んでいくことは、次のステージに到着するまでの時間的目安を測るのにも役立ちます。

欲張らず、一歩ずつ上っていく。チームで心理的安全性を高めていく際にも、個々の学習を重ねれば重ねるほど、良い関係性が構築されることがわかっています。無理なく積み上げていくための工夫には、絶えず取り組んでいきたいものです。

■ 手伝ってもらいながらでも立派な成果

担当している業務が、自分ひとりでは質的にも量的にも手に負えない、といった場合、あなたならどうするでしょうか。組織に課されたタスクが個人に落とし込まれただけであれば、このままではどうしようもない、といった壁の手前で、リーダーを含む周りのメンバーに助けを求めることが良策です。

一番良くないのは、どうしよう、と抱え込んだまま動けなくなること。そのタスクが達成できないばかりではなく、他の課題に取り組む意欲も大幅に阻害されがちです。**悩んで解決する事案ではないことも多々ありますので、遠慮せず、まずはチームメンバーの力を借りることを検討しましょう**。もちろん、他のメンバーからヘルプを依頼されたときには、快く引き受けてあげることです。

長続きする協力体制は、自分から手を挙げることで深まっていきます。

■今の場所を離れなくても成長できる自分を見いだせる

ジョブ型雇用が増え、報酬アップと自己成長のために転職することが当たり前になってきた現代では、ある程度のスキルが身に着いたところで、他の企業に目が向く若手も少なくありません。そんな中でも、心理的安全性の高い職場においては、つねにチャレンジが奨励され、周囲の力を借りながらでも自己成長が実現できます。**したがって、新たな壁に直面し、またそれを乗り越える、という場面が多く設けられ、絶えず成長を促進することが実現できます**。

何よりも、チームの中で安心して自分の力が発揮できる居場所を離れずに、自分の限界をさらに広げ高めていくような働きかたができることが、職場への定着を図るには大きな要因になることは間違いありません。

Point

怖がらず、まずは動いてみれば、具体的な壁も見えてきて、どう超えればいいのかを考えられる

Section

2-3

お互い離れていても、わかりあえる

■インターネットで「会って話す」

対面でのコミュニケーションは、言葉以外の要素、いわゆるノンバーバルな手段も含めて、お互いの理解が深まります。会って話すことで、相手の反応、感情や、言葉にはなりにくい価値観なども、うかがい知ることができます。

それでも、どこにいてもインターネットに接続する環境が整ってきたことで、顔を合わせなくても手軽にコミュニケーションできるようになりました。それぞれの手段に長短はありますが、場所に縛られず、時間や経済的なコスト面でも便利なリモートでのコミュニケーションはコロナ禍以降、一足飛びに利便性を高めていきました。

いまや「いつでも、どこでも」相手にアクセスできるインターネットによるやり取りの利便性は、人と人を密につなぐための大事な手段になっています。**心理的安全性の高い関係性を築くために、物理的な距離を超えて、しかも多くの人が一堂に会することができる方法を積極的に活用していきましょう。**

■ＬＩＮＥではなくＺＯＯＭでの生存確認を

相手の姿が見えない中でも、双方向でお互いの状況を理解するためには、コミュニケーション方法への工夫が必要になります。単に表情や声が届けばよいということではなく、今現在の気持ちや物事に対する視点など、言葉にならない要素も含めてやり取りができることで、よりきめ細かい意思疎通が成立するのではないでしょうか。

最近は仕事／プライベートに関わらず、その手軽さからＬＩＮＥでのメッセージでコミュニケーションの大半を賄う人も少なくありません。ただしＬＩＮＥはテキストだけ、あるいはスタンプなどのビジュアル要素だけで表現する場合が多く、ど

◎オンラインコミュニケーションはLINEよりZOOMで

ちらかというと、出来合いのものに気持ちを当てはめるような意思疎通になりがちです。また、既読スルー（返事もしない）などの一方通行にもなりやすいところもあります。このようなパターンを活用したコミュニケーションだけを続けていると、解釈によっては誤解に振れることも起こり得ます。

直接会う機会があまりないような関係性ならば、せめてLINEではなく、画像付きでオンライン会話できるZOOMなどのリモートツールを活用しましょう。

ネットを通してでも、リアルに反応し

合える場を作ることこそが、相手と感情や考えを交わし合うにはふさわしいと考えられます。

■外面が見えないから内面が見えてくる

それでも、リモートワークなどで長期間、顔の見えない場所で離れて仕事をしていると、他のメンバーが何をしているかわからず、きちんと管理職の仕事がまっとうできないと不安になるリーダーは少なくありません。

とは言っても、いつも近くにいるからといって、相手の仕事ぶりやモチベーションなどが正しく把握できているわけではありません。むしろ、心理的状況や価値観、仕事への取組み自体などは。身近な場所から見た様子より、自由な働きかたの結果として表出してくるアウトプットにより濃く表れてくるのではないでしょうか。

わかったつもりにならず、外面が見えないからこそ、内面に向けての探索を行う。言い換えれば、離れることで、これまで見ようとしなかった相手の側面に気づくこともあります。

こういった努力こそ、リーダーには求められ、このような内面を見ることが、メンバーをより深く理解し、より良い人間関係を築くことに寄与するでしょう。

Point

オンラインでもつながれるのは、現代のコミュニケーションにおいて最も有利な条件。LINEよりは、肉声と動画でやり取りできるZOOMなどの手段がおすすめ

Section 2-4

仕事とプライベートのバランスを保つことができる

■心理的負担の低い行動スタイルとは

仕事や生活を営んでいく中で行動のブレーキとなりやすいのは、「こんなことして、周囲の人に迷惑かけるんじゃないか」「相手の機嫌を損ねるんじゃないか」といった周りへの気遣い。良かれと思っての発想ではありますが、裏を返せば行動することの責任を周りの人に委ねている、あるいは依存している表れかもしれません。

セルフコントロールできていれば大丈夫だということだけではなく、**行動に関する責任は自分にあることを認識することで、誰にも迷惑をかけず、自分自身を自由に振る舞わせることができるようになります。**

心理的安全性の高いチームでは、それぞれのメンバーが自身の信念に沿って行動することを阻害せず、非難もしません。その結果、思い切って提案し、行動してみることへの抵抗感を下げることが可能になります。

■ 代わりのない存在である場面を存分に生きる

世界中に自分はひとりしかいない。当然のことですが、心理的安全性の低いチームでは、個々人の能力に対する信頼と期待値が低いことで、各人の自己肯定感が下がってしまいます。「自分でなくてもできる仕事」「他人がやっても何の問題もない」などという気持ちになると、仕事だけでなく、さまざまな場面のモチベーションにも悪い影響を与えてしまいがちです。

心理的安全性の高いチームでは、自分の考えを明確にしてから働くことが要求されるため、おのずから自分にしかできない形での仕事への取組みが実現できます。もちろん、周囲からの気づきや指導もフラットに受けられるので、無駄な配慮をせず、仕事に集中していくことができるのです。

■ 仕事とプライベートのバランスがキープできる

毎日、仕事に携わる時間は1日の多くの部分を占めますが、その時間が長くてもプライベートな時間の重要性が損なわれないのが、心理的安全性の高い場の特徴です。無理に与えられた業務をこなすだけならば、個人の時間を削ってまで仕事に費やすのは辛いかもしれません。**しかしながら、自分の個性が尊重され、自分にしかできない形で関与できる仕事であれば、意欲的に取り組むことは難しくないでしょう。**

また、仕事と生活、どちらも重視することで、それぞれの時間を集中して一生懸命に対峙できるようになります。公私のバランスを保って過ごすことは、人生をより豊かに過ごすためにも役立ちます。

Point

それぞれの個性が認めることが前提になっていれば、必要以上に相手の心情に踏み込むこともない分、自分らしく働くことができる

Section

2-5

将来のあるべき姿を具体的に描けるようになる

■ いったん視線を現実から遠くに向ける

人間関係のトラブルや仕事の失敗などが起こると、つい目の前の現実に気をとられてしまい、自分の人生にとって本当に重要なものを見失ってしまいがちです。

心理的安全性の高いチームでは、自分の誤りや気づきを持てない部分に対して、適切に助言できるような関係性ができます。そのため、いま自分が戸惑っていることと、迷いを感じていることに対しても、適切なアドバイスを求め、得られるようになります。

直面していることからいったん視線を外し、本来求めている遠くの目標に目を向

けてみること。このようにして、自分らしさを取り戻すことも、信頼し合えるチームの中でなら実現できます。

■なりたい自分を探すところから始めよう

仕事の目標はチームで話し合い、決めることができるけれど、自分個人の照準をどこに定めたらいいのか。これを考えることは、どんな場面にいても容易ではありません。

それでも、心理的安全性の高いチームでは、それぞれのメンバーが率直にお互いの考えをぶつけ、やり取りしているので、自分にとって望ましいサンプル、お手本を見つけることもしやすくなります。全く同じ目標や行動スタイルを実現することはなくとも、行動ごとにモデルとなるようなポイントを見出すことができます。

まずは自分にはどのようなスタイルが向いているのか、またトライしてみたい行動のパターンはどのようなものなのかなど、周囲を参考にしながら、なりたい自分のスタイルを探してみましょう。

■ 失敗をするたびに強くなることに気づく

大きな失敗を回避できるよう、事前にできるだけのリスク要因を排除しておくことは、どんな場合にも必要です。しかしながら、逃れられないトラブルやアクシデントで、想定通りに事が進まないのも、ビジネスでは日常茶飯時です。失敗をしたときに、たいていの人が気にしてしまうのは周囲の目。どんな風に受け取られるのか、自分の評判が下がるのではないか、余計なことまで推測されてしまうのではないかなど、今後に影響するような他者の評価が大きなネックとなりがちです。

心理的安全性の高いチームでは、失敗を非難されることなく、ひとつのプロセスとしてとらえるということが重要になります。もちろん失敗をしないに越したことはありませんが、起こった事実を客観的に振り返り、今後の成功に活かすことで、さらに強固なビジネスモデルを形成することができます。失敗を経験として活用する習慣は、個人もチームをも強くするのにも役立ちます。

■本当にやりたいことは自分にしかわからない

チームの中での意見交換が活発に行えることは、心理的安全性の高いチームの特徴です。同時に、どのようなシーンでも、各個人の意見を明確に示すことも求められます。周囲の声に真摯に耳を傾ける傾聴の態度が重要視されるのと同等に、自分なりの意見、方針を明確にしておきましょう。

物事にチャレンジする前に「こうすれば上手くいく」といった正解はどこにもありません。実行する前に存在するのは「自分がどうしたいのか」という確固たる意志。裏付けとなる事実と、自己の考えをまとめて、つねに携えていくことが、よいアウトプットの創出につながっていくことでしょう。

Point

日常の迷いや悩みについて、適切な意見やアドバイスが得られることで、自分らしい生き方を保っていくことに寄与してくれるのも、心理的安全性の高い場ならではの特徴

Section

2-6

すぐに気持ちを切り替えることができる

失敗は恥ずかしくない

仕事は上手くいって当たり前、と思われがちですが、チャレンジングなものであれば、成功率は五分五分。むしろ、チャレンジすること自体に意味がある、つまり挑戦は経験則を見出すためだと、割り切るケースもあるでしょう。

これまで何かに挑戦しようとしても「失敗すると叱られる」「こんなことも上手く出来ないなんて恥ずかしい」といった先入観に囚われている人は、少なくありません。学校教育の時代から「上手くやる」ということを目標と課してきたことで、失敗という状況をネガティブにとらえ、恐れるような思考回路がつい働いてしまうのかもしれません。

心理的安全性が高いチームでは、失敗を「認める」風土が築かれており、上司も頭ごなしに責めることはありません。もちろん、成功することも重要ですが、失敗することは、準備期間中に気付かなかった「何か」を得ることができるというチャンスでもあります。

だから失敗は恥ずかしいものではなく、見出した発見を次に活かすためのプロセスに過ぎないことが、身をもって感じられる機会になります。これによって、仕事以外のさまざまな場面で、失敗の恐怖に足元をすくわれることなく、積極的に行動する勇気を持つこともできるようになるのです。

■リフレーミングが得意になる

想定通りの結果が得られないとき、仕事上ではそれを「失敗」と呼ぶことがでありますが、同時に、それは新たな「想定外の結果」を招いたとも考えることができます。**このように、物事のとらえかたを切り替えることをリフレーミング（認知再**

構成）と呼びます。

つい、自分のクセに偏りがちな考えかたを自然に切り替えることができるようになると、発想の柔軟性が高まってきます。「逆から見たらこんな考えもあるかも」「違うところから見直してみたら、新しいアイディアが見つかった」など、これまでのとらえ方から自分が自由になってくることを体感できます。

■ 周囲からの支援を受けやすくなる

想定外の状況に陥ること、すなわち「失敗」を体験することは、明確に方向変換を求められることでもあります。でも、自分の発想を切り替えるにとどまらず、ここは他のメンバーの意見を求めるチャンスでもあります。成果が出れば、その案件は放置しておいても上手く進んでいきますが、いったん「失敗」でプロセスが中断した場合には、必ずなんらかの動きを起こす必要が出てきます。

このとき、周りに助けを求めることで、自分ひとりで抱え込んで袋小路に迷い込むリスクを避けることができるのです。失敗がそれなりの規模であるほど、周囲にはその重大性が伝わっていくはず。むしろ、原因の究明や、新規に取り組むべき課題の抽出などは、異なる視点からのアドバイスを取り込むことが必要かもしれません。

周囲を「巻き込む」場面こそ、心理的安全性の高さが最大限に発揮されるとき。遠慮せずに的確な意見を述べてもらったり、同様な別のケースを体験したメンバーから、問題解決の具体的な方法を聞き取ったりと、何もトラブルなく進んでしまったときより、より精度の高いアイディアが生まれてくる可能性もあります。より多くの頭脳を活用して、発想をブラッシュアップするまたとないチャンスとして、失敗を最大限に活用することができるでしょう。

Point

たとえ失敗したとしても、チームで問題解決をする心理的安全性の高さがあれば、自分を助けてくれるリソースに期待することができ、リフレーミングも可能になる

Section

2-7 つねに心穏やかに過ごせる

■ 信頼はかけがえのない財産

お互いなんでも言い合える、どんな指摘をしてもポジティブな意見として受け入れてもらえるという状況は、「恐れのない組織」(Fearless Organization; エイミー・C・エドモンドソン教授の原著題名)ならではの、働く者にとって最高の財産と言えるでしょう。

何を言っても許される、というのは、プライベートな友人同士では「気の置けない」関係と呼ばれますが、仕事仲間でこのような関係性を保つことができるのは、仕事をしていく上でのなによりの環境です。

◎【図4】ヤーキーズ・ドッドソンの法則

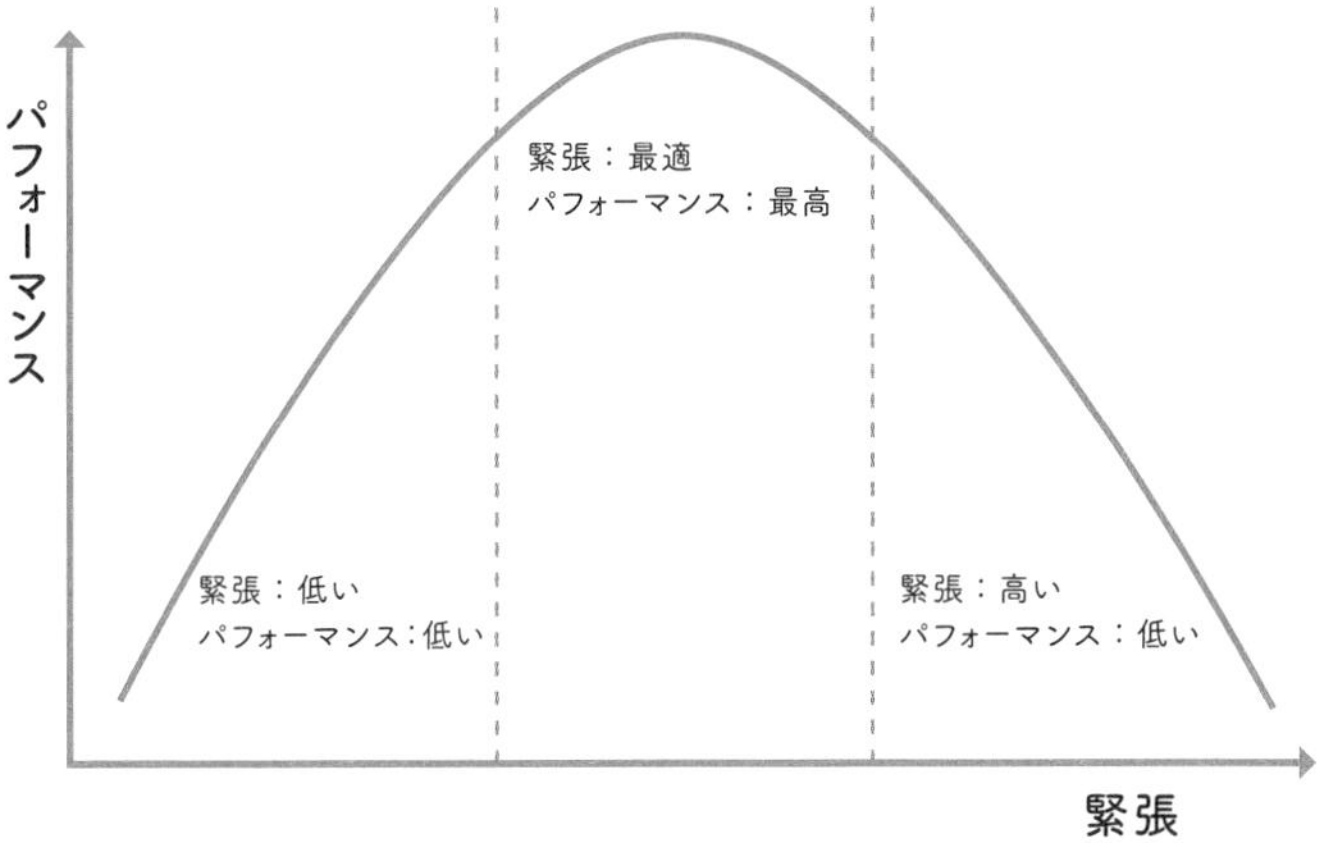

自分らしくいられること、「いつ上司の怒りがこちらに向いてくるかわからない」「同僚と評価ポイントの取り合いをする」といった無駄なストレスを感じずに過ごせることは、心の安定に大きく寄与します。

業務上の多少のストレスは、仕事のパフォーマンスを上げるために効果的と言われています（【図4】：ヤーキーズ・ドッドソンの法則）。それでも、適切なレベルを超えた過度なストレスがかかってしまうと、業務パフォーマンスが一気に下がりはじめます。

もちろん、心理的にも負荷がかかるため、心の健康も損なってしまうことも起こり得ます。困ったことがあったらサポートしてくれる仲間がいると感じるだけでも、ストレスの影響は大きく違ってきます。お互いの状況を理解し合える仲間、信頼できるメンバーの存在が、さまざまな場面で助けになるといえるでしょう。

■ 雑音に惑わされない

現代は、居ながらにして日々溢れるほどの情報が押し寄せてきて、自分が直面すべきものが何なのか、迷子になりそうな状況に陥ってしまいそうなこともあるでしょう。新たなテクノロジーや事例、さまざまな専門家によるコメントなど、どのような基準で情報の取捨選択を行ったらいいのか、日々の生活の中で見失ってしまいがちです。

このような、本来自分にとって必要でないはずのノイズに混乱しながらも、一番確かな手ごたえを感じさせてくれるのは、リアルに信頼感を示してくれる仲間の存在。もちろん、家族や友人など、他にも信頼し合えるつながりはあるかと思いますが、自然にお互いを支え合えるチームは、仕事に関するシーンにおいては、最強の心理的バックアップをしてくれる存在に他なりません。安心できる後ろ盾を得て、働くことができることは、心穏やかに。安定して集中するために欠かせないものとなっていることでしょう。

■自分にとっての働く意味を深められる

なぜ働くのか、といった質問に対して、経済的な理由だけではなく、何か別の要素を挙げる人は少なくありません。仕事が人生の全てではないにせよ、仕事をしているからこそ、「いま、ここ」にいる自分が存在しているということ。これは確かな事実でしょう。

殊に、心理的安全性の担保された職場を得ることができたのなら、その場所が自分にとって特別な意味を持つものになるはず。**他では得難い収穫物を手にすることで、仕事の金銭的な報酬を超えたものが与えられることでしょう**。モチベーション、やり甲斐、能力、スキル、経験……さまざまな成果に、仕事をしていく意味合いがより深まるのは間違いありません。

Point

チームの中に自分らしくいられる場所をつくることで、ノイズに左右されないで過ごせる場所が担保され、自分自身が働く意味を見出すことにもつながっていく

心理的安全性を守る会話

②同僚どうしの会話 編

職場で働く仲間とのコミュニケーション次第で、心理的安全性のレベルは大きく変わってきます。勝ち負けにこだわったり、威嚇し合うのはモチベーションの無駄遣い。お互いを認め、支え合う関係性を大切にしたいものです。

15 仕事上のミスも良いきっかけになると伝えること
「これは想定外だったけど、おかげで本番での失敗が防げたね」

16 限られた条件の中で取り組む意味を共有すること
「これだけの人数でやってみる価値はありそうだね」

17 わからないことがあったら力になること
「なにか手伝えそうなことがあれば、いつでも連絡して」

18 お互いのネットワークを上手に活かし合うこと
「その件なら、詳しい人を知っているからちょっと聞いてみようか」

19 前例のないチャレンジをほめたたえること
「あなたの挑戦に励まされました」

20 上手くいかなかった時はねぎらうこと

「それはつらかったね。私では到底、耐えられなかっただろうな」

21 相手の個性を認めていること

「それは〇〇さんならではの素晴らしい発想だね」

22 相手の間違いを見つけたら、失礼にならないよう指摘すること

「もしかしたら、〇〇が違っているように思います。もう一度詳しく説明してもらってもいい？」

23 間違ったら素直に認めること

「そこは気がつきませんでした。指摘してくれてありがとう」

24 お互いを切磋琢磨しあうこと

「〇〇さんのチャレンジは自分の刺激になります」

25 体調がすぐれないときには休むよう促すこと

「調子が悪いようなら、今日は無理せずゆっくりして」

26 助けてほしいときには遠慮なく声をかけること

「手が空いたときに、この書類を見てもらってもいいかな」

第 3 章

多くの職場で「心理的安全性」が機能していない理由

ここまでお話ししてきたように、「心理的安全性」は組織やチームの風通しをよくしながら、一人ひとりの心の安らぎも担保してくれる、現代人にとっては必須ともいえる考え方であり、それゆえに近年大きな注目を集めています。しかし、この考え方が上手く機能していない職場を多く見かけるのも事実。この章ではそうした失敗例を10個ピックアップしながら、それらが抱えている課題を見極めて、具体的な善後策も紹介していきましょう。

Section

3-1

なぜ職場の心理的安全性は阻害されるのか

■ かつての成功体験が邪魔をする

なるべく遅くまで残業して会社に貢献する社員が偉いと評価されていた高度成長期の日本企業。バブル期には売上は右肩上がりで、仕事のネタには事欠かず、かつ体育会系の根性論が幅を利かせていました。そのような時代は、現代とは異なる上意下達型のチームワークが主流。上司の命令は絶対で、感情的になってもそれも熱量の高さを表すとポジティブにとらえられるような時代でした。社員は皆、同じ方向を向いて、個人より集団の意思で行動することが重んじられてもいました。

チーム内での人間関係が多様化した現代になっても、当時の栄光を忘れられない世代の方々は、つい「昔は良かった」と回顧するクセがついています。しかしながら、時代が変わった今では通用しない方法を勧められても、受け入れるのは無理があります。

過去の成功談はひとまず聞いてあげて、それ以降は、現代にふさわしい、心理的安全性を重んじた方法に切り替えていきましょう。

■「働かないおじさん」の扱いかた

一度ラクな思いをすると、元の大変な状況には戻りたくないと思うのが人情。新卒採用されてから早ン十年、ある程度の役職についたら、もう努力して上を目指すことないまま、ただ職場にへばりついていく中高年の従業員が目立つようになりました。これらの「働かないおじさん」は、現代の社会環境に適合することなく、かつ組織への新たな貢献もせずに、定年または延長雇用の期限まで逗留しようとしています（次ページ【図5】：「『働かないおじさん』の仕組み」）。

本来、労働者はその持ち場で求められる知識やスキルを自主的に身に着けて、必要な業務に臨めるようなセルフマネジメント力が求められます。ところが、昇格をあきらめ、新たなステージに上るつもりのない「おじさん」たちは、環境の変化や技術進歩についていこうという気持ちもないまま、我が道を進むため、余計に他のメンバーとの能力格差が目立ってしまいます。**もし、このような「働かないおじさん」がチームに存在した場合には、必要最小限のコミュニケーションで寄り添っていき**

◎【図5】「働かないおじさん」の仕組み

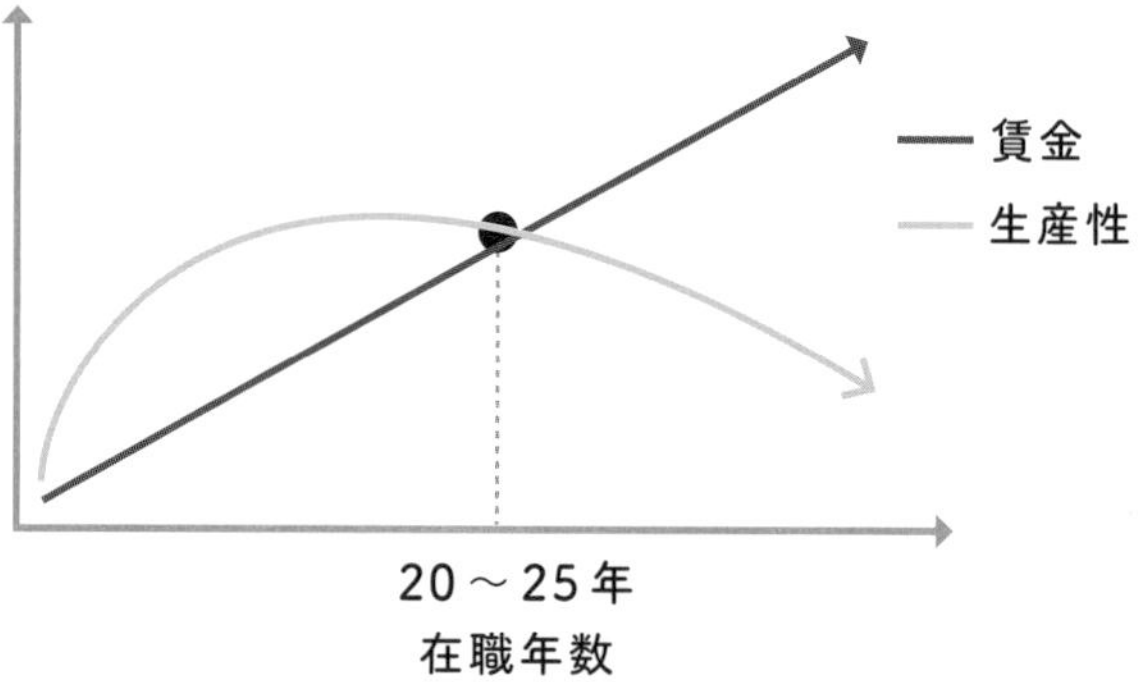

一定の勤続年数を超えると、生産性と賃金が逆転する

（出典:朝日新聞デジタル2019年11月11日「会社にすがる『働かないおじさん』　もう逃げ切れない?」）

ましょう。本人が心理的安全性の高いチームづくりの弊害になるのは問題ですが、批判したり非難したりすることなく、それも個性として尊重することも重要です。

時代のアウトサイダーとなってしまった彼らに迎合する必要はありませんが、存在自体は承認すること。もし、時代遅れな価値観を押し付けてくるようなことがあれば、丁寧にNG理由を説明していきましょう。決して排除するのではなく、仲間であることを表明し続けていくことこそ、彼らにとっても心理的安全性を担保していける唯一の方法です。

■ジョブ型雇用は新たなワークスタイルを定着させるか

業務単位での専門知識を身に着けている者を主体に、即戦力となる人員を採用する「ジョブ型雇用」システム。新卒社員に対しては、仕事の流れを覚えて、業務スキルが身に着けるまで教育を行うことが求められますが、中途入社組は経験者が中心になるため、採用当初からある程度の業務をこなしてもらうことが可能です。採用後の教育期間を要さないメンバーは、社会的スキルもある程度の水準にある人が大半。ましてや、他の組織での勤務経験があることが前提なので、人間関係の構築に関するビジネススキル全般を習得済みなのも、安心要素のひとつです。

彼らは、個人ごとの評価においても、担当業務のスキルや生産性が基準になるため、さまざまな職務を経験する中でのジェネラリストとしての能力を問われることも、原則的にはありません。

このように、スペシャリスト採用のメンバーについては、そもそも個別能力で評価されているため、他のメンバーとの競合もあまり想定しないでもよく、したがってチーム内の人間関係でぶつかることも少ないはず。したがって、心理的安全性を高める関わりについても、今後ますます期待できるのではと思われます。

マイナス条件が次のマイナスを連れてくる

いったん職場の心理的安全性が乱され、働きにくい環境が形成され始めると、ネガティブな状況がさらに負のスパイラルに陥り、ドミノ倒しのように状況が悪化していきます。「言った、言わない」の対立から、「あいつが悪い、いや、そっちだ」

といった不毛な犯人捜しが始まります。

発生しているネガティブな状況よりも、個人の責任を重視するようになったら、それは心理的安全性の危機。**状況が脅かされたことを感じたら、すぐに仕切り直しの機会を設けること**。チーム内のミーティングや、課題のチェックリストを共有することで、早急に立て直すことが必要です。

ポイントは個人を非難、批判せずに、共に前に進む仲間として再度意識してみること。誰かを凹ませることで、他のメンバーも引っ張られがちになるので、まずはスピーディに、プラス方向に動きを切り替えていけるように、心がけてみましょう。

これまでの常識にこだわる人たち

「そんなことできっこない」「上手くいったためしがない」などの理由で挑戦を避けるのは、過去の成功例を忘れられないからこそ。その時代の甘い蜜の味がいまでも記憶に残っているのでしょう。でも変化の激しい現代では、かつての「非常識」

が、いつ常識に変わる日が来てもおかしくありません。

例えば、スポーツの世界であれば、かつては日本選手が欧米のサッカーや野球チームで活躍するといったことは常識では考えられない、夢のような話でした。それでも社会環境が変わり、有能なプレーヤーが頭角を現すようになってきた結果、中田英寿さんや大谷翔平さんなど、世界で評価される選手が日本からも輩出されるようになりました。同じように、ビジネスの世界でもIT技術の発展やグローバルな構造変化によって、かつての常識が日々、高速で塗り替えられています。

それに気づこうとしない、安定した雇用が保証されたベテラン社員は陥りがちな落とし穴。この穴に引きずり込まれないようにするのが、第一の目標になりそうです。**自分の価値観が古くなっていることを自覚してもらい、現実に直面して、方向を切り替えてもらうことは最低限必要なタスクです。**

お互いのコミュニケーションを活性化して、かつての常識を上書きしていくことで、職場の新たな成功パターンを築いていきましょう。

◎常識にこだわる人、こだわらない人

そんなこと
できっこない
いえいえ
できますよ！

■感情的な言動が人間関係を乱す

働く人のストレスの原因として、人間関係が挙げられるのは第1章でお伝えした通りですが、なぜ人間関係がそこまで私たちのメンタルを攻撃し、労働環境を乱してしまうのでしょうか。

ひとつの職場で働くということは、同じ船に乗り、一緒に目的地を目指す乗組員同士のようなもの。ところが、ひとつの空間の中にいるとき、相手の価値観が自分と合わなかったり、ちょっとした行き違いが起こったりした場合に、内輪だからこそ、感情をむき出しにした争いに発展してしまいがちです。

相手を攻撃したり否定したりして、マウントの取り合いとなり、スムーズな航海が阻害されてしまいます。個人の思いや損得に左右されることで、チームとして目指すものよりも、つい目の前の争いに勝つことに気を取られてしまうのです。

このような事態に陥らないよう、日頃から次の5つのことに配慮しましょう。

❶感情的にならないよう、アンガーマネジメントを身につける

❷職場の中で勝ち負けを争うのは無駄だと認識する

❸ネガティブな言動は、自分と相手はよくても、周りの人たちを不快にさせていることに気づく

❹「(絶対に)自分が正しい」という思い込みからいったん離れてみる

❺相手の言い分にじっくり耳を傾け、自分にとっての良い点を見出す

それぞれが相手の気持ちに想像を巡らせ、歩み寄る姿勢をとってはじめて、「お互いさま」の協力体制が成立します。損得も組織全体で見ればプラスマイナスゼロ。共に意見を交わし合い、積極的な関わりを進めることこそが、心理的安全性を高めて組織の生産性を上げる鍵になり得るのです。

Section
3-2 チームの心理的安全性を下げてしまう10の職場事例

ここからは、チームの心理的安全性を下げ続けている10の職場の事例について取り上げ、その現状と課題、解決法についてチェックしていきます。

どのケースも、している側に悪気はなくても、結果的に職場のパワーハラスメントや、心理的安全性の阻害に結びついてしまっているものばかりです。かつてはスタンダードな指導方法やコミュニケーションの形であったとしても、現代の職場環境で行うのはNG。「ダメなのはわかってるけど、どうすれば適切なスタイルに変えられるのかわからない」という方も少なからずいるのではないでしょうか。

いまの時代に合った処方箋、ご一緒に考えていきましょう。

※本項の事例は特定の企業のものではなく、すべてフィクションです。

① 上下関係が明確に「昭和な」職場

現場	職位の高さが意見の正しさを担保する
課題	反対意見は一切受け付けない
解決法	相手の意見を否定せず、やんわりと提案する

ＩＴ機器メーカーのA社では、会議で管理職以外の者が発言することはほとんどありません。担当者がその場に参加していたとしても、実質的には聞き役にしかならず、発言しようとしても必ず否定されます。

このように、役職の高い者しか意見が言えないという習慣がある職場は少なくありません。もちろん最終決定権があるのは上司だとしても、チームのメンバーそれぞれの提案を公平に聞き、よい意見があれば、上手く取り入れていくのがあるべき姿です。

こうした「昭和な」組織で、心理的安全性を下げない前向きな議論を行うのは容易ではありませんが、コツとしては、

「○○部長のおっしゃる通りです。さらに付け加えれば……」

「いまのご意見にもあった通りですが、特に□□のケースでは……」

といった形で、**相手の意見を直接的に否定するのではなく、情報を追加する形で違うアイディアを伝えていくこと**。真っ向から反論されるとムキになってはねのける上司にも、まず聞く耳をもたせるような導入部を用意してあげることで、違った角度から発言しやすくなります。

管理職以外は発言もできないような会議でも、こうして一歩ずつ入り込み、変えていくことにチャレンジしてみましょう。

2 恐怖や罰で失敗の連鎖を絶とうとする職場

現場	恐怖や罰で失敗の連鎖を絶とうとする職場
課題	罰で問題は解決しない
解決法	「ヒト」のせいにせず、起こった「コト」の原因を追求する

B社では、しょっちゅう人員異動が行われています。これは、ミスをした社員が、その責任をとらされる形で別部署に飛ばされる、という対応のあらわれです。部下の失敗で、管理責任のある上司の責任も問われるかと思いきや、「上手くやら

ないアイツが悪い」と、トラブルの責任ごと目の前から葬り去ってしまい、管理職は相変わらず上席に居座っています。

このように、問題を起こした社員に罰を与えるという「型」は、「ヒト」を責めて非を認めさせることで問題の原因をつぶし、再発防止できるようにするという発想ですが、実際には「ヒト」を差し替えても環境が変わらなければ、繰り返し発生します。つまり「機能」しない解決策なのです。また、異動に偏った対策によって、特定の労働者に不利益を被らせるのは、パワーハラスメントにも相当しかねません。

こんなケースに効果的なのは、アクシデントが発生した環境、その場面で起こった出来事に着目し、原因分析を行うこと。仮に属人的な原因だったとしても、本人をそこまで追い詰めてしまった状況を詳しく調べてみましょう。

担当者を変えても、職場内で同じようなミスが発生するようなら、起きた「コト」の原因を客観的に調査することで、解決の糸口が見つかるはずです。

3 話し合いの機会を増やすことで問題解決しようとする職場

現場 長時間／頻回に会議、ミーティングすることで満足する

課題 結局、職制上位者の意見しか通らない

解決法 予め結論を用意して共有、限界点を指摘、対策依頼する

C社では、毎週のプロジェクト内定例ミーティングと、部門ごとに管理職が集まっての状況報告会、またテーマごとに関係各署が集まっての進捗確認会が行われます。さらに、月例や隔週での会議も催され、多くの集団に属するリーダー職は会議

の資料作りだけで業務時間の多くを奪われています。

これは、定期的に話し合いの場を持つことで、社内の責任範囲を明確にすることを主眼においているようにも見えます。「会議でちゃんと状況を知っていれば、問題が発生したときにも知らんぷりはできないよね!?」という責任の押し付け合いが実態かもしれません。その発想は、話しておけば責任共有できるから予め伝えておく、という姿勢の表れでもあります。

効果的な問題解決を行うためには、話し合いの場を設ける前に、具体的な課題を提示しておくこと。それにしたがって部門それぞれが解決案を準備し、会議の場ですり合わせること。さらに会議を効率化するために制限時間を決めて、その枠の中で決定する、といったルール決めも効果的です。一定の枠の中で、各案の限界や問題的を指摘し合える場こそが、皆が集まって貴重な時間を共有する意味を高めることにつながるでしょう。

④ 仕事を任せることで人材育成をしようとする職場

現場	スキルがないのに任されて失敗、叱責される
課題	教えずにどう失敗するか試す上司の姿勢
解決法	取り組み過程で適切なヒントを与え、フォロー

D社では、近年、即戦力採用という名目で、中途採用が活発に行われています。これまでの就業経験を生かして、多少の業務スキルは担保されていると勝手に思い込み、いきなり仕事を任せようとします。

ところが、ところ変われば業務のニュアンスや、求められる結果が変わるのは当然のこと。自社のやり方しか知らない上司が思うような結果を、外から来た人間がすぐに出せるわけがありません。でも、頼まれた側も「そんなこともわからないのか!?」と叱責されるのを恐れて、不明点を尋ねるのを躊躇しがち。もちろん、上司もその様子を薄々感じているものの「できるところまでやらせる」「多少の失敗も必要」などという一方的な考えかた、あるいは教える工数を省こうという気持ちも加わり、放置しがちになります。

このような「任せて育てる」やり方は、本人に「聞きたいけど聞けない」プレッシャーを与え、ネガティブな気持ちに追い込みがち。その結果、精神的な負担を課すパワーハラスメントにも相当します。

まず一連の業務手順を示し、本人に確認させてからスタートするのが基本。

初めての仕事を任せるときには、上司が本人の様子を適切に観察し、わからないことがあったら質問しやすい雰囲気を整えるとともに、自らフォローの手を差し伸べることが、心理的安全性の高さを示し、取り組みを促進させます。

5 報酬を上げることで社員をつなぎ止めようとする職場

現場 離職が続くことへの対策として全社員昇給

課題 そこじゃない……やる気を削ぐ体制こそ改善が必要

解決法 不満を具体的にヒアリングして内的動機付けを高める

E社では、このところ「給料が安い」「どれだけ頑張っても評価されない」などの理由で、離職者が相次いでいます。そこで経営陣は従業員の定着を図るため、思い切って社員全員の報酬を底上げすることを発表しました。

ところが、その後も、各プロジェクトからは退職希望者が後を絶ちません。もちろん、理由はさまざまですが、せっかくの企業の英断が奏功しているとは判断しがたい状況になってしまいました。

このようなケースでは、表面的には待遇を問題にしているものの、根底にある問題に向き合うことなしに離職防止はできません。いわゆる「やる気搾取」や、人間関係の根深い問題を孕んでいることが多々あります。お給料を上げるのと同時に、従業員の内的な動機付けを促すことも必要でしょう。

札束で頬をたたくような改善策ではなく、メンバーが困っているのはどこなのか、望んでいることは何かということに、具体的に耳を傾ける姿勢こそがまず求められる手段。また、報酬アップによって、組織側が従業員に何を期待しているのかを明確にすることで、仕事へのモチベーションアップにも寄与します。

社員それぞれの声を真摯に聞き取り、問題解決に取り組む姿勢こそ、働き続けたいと思わせる最も大切なことではないでしょうか。

6 情報共有が適切に行われない職場

現場 検討すべき課題や変更事項の情報を上司が握っている

課題 部下が的確に対応できず無駄な動きが多い

解決法 プロジェクト内で情報共有ルールを定める

F社では、会社の全体会議での決定事項が共有されず、後日になって現場で問題が勃発しがちです。会議の出席者が、プロジェクト内での共有を考えず、勝手に自分だけで情報を抱えていることが常となっているのです。もちろん、全てを伝えることはできない場合もありますが、担当者レベルで知っておかなくてはならないことは、すぐに伝達してしかるべきこと。

このように、部内で検討すべき情報をタイムリーに共有できないことで、知らずに不必要な作業を行ってしまったり、手戻りが発生してしまうのもよくあるトラブル。出席者本人に悪気はなく、何を伝えるべきかをすっかり忘れたままにしていることも少なからずありますが、それでは会議に出席した意味がありません。

情報共有ミスを防ぐためには、会議が終了次第、資料やメモなどをデータ化して、プロジェクト内で共有すること。万一、明らかにできない秘密事項などがあった場合には、そこだけ画像処理をするなどして対応すればよいことです。ＰＤＦ化して共有フォルダに置く、あるいは皆が見ることができる場所に手早くファイリングするなど、できるだけ手間をかけずに対応できるようなルールを決めておきましょう。もちろん、影響が大きい場合には、個別に連絡するなどの声掛けもお忘れなく。

7 ワークライフバランスを敵視する職場

現場 子育てや介護等のプライベートを持つ社員の評価が低い

課題 仕事だけしかできない社員(上司)が守られる

解決法 公私バランスをルール化

G社では、近年、女性活躍をうたい文句として、女性管理職が次々に誕生しています。もちろん、家庭を持ち、育児しながら働く社員も多くおり、コロナ禍以降は在宅勤務を主体にしたいという希望も出始めています。

ところが、その陰で「やっぱり女性は家庭優先だから」「顧客相手の業務は女性には任せられない」といった声も。こんなことを言うのは、価値観がジェンダーハラスメントに基づいた昭和な役割分担を望む多くの男性管理職。潜在的に女性の能力を低く見積もっているか、女性に能力を発揮されては自分たちの居場所がなくなると恐れているかのいずれかでしょう。人間としてのバランスに長けた女性社員が台頭してくることで、管理職としての強力な競争相手を増やしてしまう結果になるのを避けたいのです。

企業として、このような旧態依然とした考えかたを残しておくのは社内の活性化を阻害するだけでなく、企業体質も改善されません。

ワークライフバランスを重視する風土にするためにも、仕事だけではなく、余暇時間も確保できるようなルールを定めること。**それによって誰もが働きやすく、プライベートも充実できるようになります**。価値観をアップデートして、時代に合った働きやすさを実現しましょう。

8 前例を重んじるあまり個人の成長を拒む職場

現場 これまでやったことのない施策が拒まれる

課題 失敗コストを見積り、賞味期限切れの「過去の栄光」にしがみついている

解決法 新規チャレンジに加点するルール作り

H社では、管理職が集まる会議での提案事項では必ずといっていいほど「前例はあるのか」という問いが発せられます。もちろん、リスクマネジメントは重要ですが、上手くいった前例にしがみつくほど硬直化し、チャレンジを拒む体質が強化されて

しまいます。

上席の社歴の長い管理職ほど、過去の成功事例を自分の宝物のように何度も示したり、繰り返そうとするものです。現在とは環境も異なり、すでに賞味期限切れとなっていることにも気がつかないのでしょう。

これまで試したことがない事例は、失敗リスクの程度が測りにくいことも、忌避されがちな要因のひとつですが、どのような場面でも、チャレンジしなければ成長はなく、存続もできません。

効果的な解決策としては、新たな施策を試すこと自体に加点するルールを作ること。結果だけではなく、きっかけ作りとプロセスを評価するような風土にしていくと、昔の成功は車窓を流れる景色のように過去へと去っていくでしょう。

経営陣の高齢化も多くの企業で問題になっていますが、過去にしがみつかず、未来志向に変革するためにも有効な考えかたです。

9 優先順位をつけず部下の仕事を増やし続ける職場

現場 あれもこれもと仕事が積み上がってどれも中途半端

課題 部下のタスクを上司が把握していない

解決法 仕事の進捗とリソースの分担方法の共有化

I社では、多くの新規プロジェクトが立ち上がっているにもかかわらず、なかなか実を結ぶようなリターンが生まれません。これは、チャレンジを重んじる素晴らしい企業風土はあるのですが、あれもこれもと上司が「できる部下」にタスクを積み上げてしまう傾向があることも一因。

部長は「あの件は○○君に任せてあるから」と、進捗も含めすっかりプロジェクトを進めている気になってはいますが、どれも重要案件であり、依頼される側はどれも中途半端なままで、長期間にわたり完遂が叶いません。周囲に作業を振ろうにも、自分の権限を逸脱するのも躊躇《ためら》われます。

このような場合はやはり、管理職の側で「できる部下」の関わっている業務を整理し、進捗とリソースの分担方法を共有化していくべき。特に、どこから仕上げていくのか、案件の優先順位については、上の立場の人が責任をもって指示していく役割を担ってください。

部下が多くのタスクを抱え込んでしまって、的確な動きを阻害されるような状況では本末転倒。臨機応変に、本人から周囲にサポートを頼めるような場面づくりも、上司として推進していくことで、滞りがちな作業の推進力が増すはずです。

⑩ 価値基準を統制しようとする職場

現場	上司の価値を押しつける（モラルハラスメント）
課題	価値観の多様化が認められていない
解決法	部下にやらせること

J社では、プロジェクトの進捗会議において、管理職が前提条件を否定する、いわゆる「ちゃぶ台返し」をする場面が多くみられます。これは、その管理職の価値観に合わない案件は認められないということの表れです。新たな技術を取り入れた

イノベーションを提案しても、最新情報に疎いベテラン層がそれを受けいれられないというメンタルであることも一因でしょう。

これまでの経験則に基づいての判断とは言え、部下の新たな提案に対して「俺がダメだと言ったらダメなんだ」と言い切るのは、これまでの部下の取り組みを無駄にさせてしまいます。特に「いつもくだらない発想ばかり」「お前らのレベルでは仕事として成り立たない」などの表現でアイディアを退けるのは、モラルハラスメントとも呼べるでしょう。

自己主観にこだわる発想ではなく、自分にはない視点を取り入れた新たな価値観に賭けてみることも、リーダーとしての経験値を高めることに寄与します。併せて、部下に対してはある程度の失敗経験を積ませることも有効です。

自分の視点で引っ張るリーダーではなく、相手の視点を引き出し、支援していくリーダーシップのスタイルがこれから望まれるもの。チームの基礎を築き、任せて育てる視点にシフトしていきましょう。

心理的安全性を守る会話

③夫婦の会話 編

夫婦の関係性はカップルごとにさまざまですが、会話の場面で選ぶ言葉の端々にこそ、心理的安全性が左右されます。日常を快く過ごせるよう、お互いの気持ちを大切にするコミュニケーションを心がけましょう。

27 相手が抱える問題に対して、まずは受け止めること

（問題について聞いたあとに）「それは心配だったね」

28 問題に対して、責めたり否定せず共に考えること

「そんなことがあったんだね。どうすればいいか、一緒に考えてみようか」

29 自分は味方であることを示し、サポートすること

「手伝えそうなことがあれば、どんなことでもいいから言ってみて」

30 自分とは違う考えをポジティブに認めること

「それは私にはない視点だった」

31 すぐには無理でも、話しやすい時間や場所を設けること
「いまは難しいけど、明日の夜にでも、どこか都合のよい場所で話を聞かせてもらえない？」

32 聞き役に徹すること
「今日はあなたの話をじっくり聞かせて」

33 言葉にならない気持ちの言語化を手助けすること
「もしかしたら、それは○○だって思っていたから？」

34 考えが違う点について、相手を否定せず明確にすること
「あなたはそう考えたかもしれないけど、私は違うかも」

35 自分が変えてほしい点は「私」を主語にして伝えること
「その点については、私は○○だったら嬉しいんだけど、どうかな？」

36 相手に迷惑をかけてしまったときは、謝ってから理由を伝えること
「昨日はごめんなさい。私のせいで迷惑をかけてしまいました。実はこういうことがあって……」

37 かけがいのない存在であると、言葉にして伝えること
「あなただからこそ言えるんだけど」

38 会話の中でも、相手の体を気遣っていることを伝えること
「今日は急に暑くなったね。体調は大丈夫？」

第 4 章

「心理的安全性」を長くキープするコツ

心理的安全性が保たれた環境では、つねに不安や心配が安心に変換されているはず。それには一人ひとりのこころと身体のバランスが整い、お互いがコミュニケーションによってしっかりと結びついていることが重要になります。本章ではそんな状態を実現するためのコツをお伝えしていきましょう。

Section

4-1

「伝わる」自己表現を身につける

■受け入れられる伝えかた、してますか？

「このあいだも言ったよね？」「何度言わせるの？」「聞いてなかったの？」など、上司が部下を問い詰める場面はどこの職場でも見られがちなシーンのひとつ。これは、言葉としては投げかけていても、きちんと相手に伝わっていないことによります。

発する側の自分を主語にして「伝える」のではなく、重要なのは「伝わる」コミュニケーションのほうなのです。言ったつもりでも、相手が理解し、納得していないのなら、伝えたことにはなりません。

◎言いたいことがきちんと伝わっているか

相手の知識や経験値、そのときに置かれている環境、お互いの関係性など、受け手の状況を踏まえた上でやり取りするのは、最低限のマナーでもあります。**一方的に投げてそのままにするのではなく、投げたボールがきちんと受け取られたのか、どこかに逸れていないか、最後まで見届ける習慣を大切にしましょう。**

もちろん、相手のボールを受ける場合にも、自分が正しく意味を受け取れないようであれば、都度その場で確認することが、心理的安全性を担保するための基本ルールです。

「いまのは○○っていう意味で、合って

いる？」「例えばどんなケースが当てはまるんだっけ？」などと言い換えたり、具体的な事例に置き換えてみること。聞き返すのは失礼ではなく、むしろ大切なことです。お互いの認識が食い違っていないか、丁寧に確かめることで、仔細な部分まで伝わることにつながります。

自分の存在を示す

会話の輪に入っているのに、何も言葉を発さない。特に、仕事の会議などで他人の発言を聞いても何も自分は発言しない、といった人は少なからずいるのではないでしょうか。

そこで声を挙げることで突っ込まれたり批判されたりするのが怖い、あるいは自分に自信がないばかりに意見を言うなんてとんでもない、という考えかたもあるかもしれません。

でも、人はその場で、それぞれ感じたこと、考えたことがあれば、言葉にして投げかけるほうが自然です。他人がどう思おうと、自分の意見を発してこそ、その場に参加しているという意義が示せるというものです。

何より、そこに存在しているということは、会話や議事に加わってこそ伝わるもの。いてもいなくてもいい存在なら、参加する意味はないし、場における自分の位置を見失ってしまう結果にもつながりかねません。

もちろん、皆がそれぞれの考えをその場で示し、お互いが存在を認め合うというチームの合意をしておくことが大前提。ここが担保されていることが、場に参加しているメンバーすべての存在感を重んじ、話し合いの結果を実りあるものにするための必須の約束事でもあります。

心理的安全性の高さを保ち、どんなことでも気負わずに発言し合える環境づくりは、自己の居場所を確立するためにも重要なのです。

■「相手を傷つけない」イコール何も言わないこと、ではない

最近は、職場でのハラスメント問題など、集団内での人間関係の難しさがあちこちで取りざたされています。ちょっとした言い回しや、深い意味はないコメントな

どでも、相手が傷ついてしまったら、それは言葉を発した側のせい。不用意な発言をすることで、取返しのつかない問題が起こってしまいかねません。

ここで気をつけたいのは、相手を傷つけないために、自分が何も発言しないというのは、本来の意図とは真逆であるということ。

気持ちや意見、相手への投げかけなどがない関係性は、同じ場所にいても相手が何を考えているのかわからず、むしろ疑念ばかりが増します。相手の枠の中で「この人はきっとこんなふうに自分のことを悪くとらえているんだな」という思いが膨らんでしまうと、勘違いされていても「いや、そうではなくて」という否定は届きにくくなってしまうからです。

相手を傷つけず、信頼関係を築くためには、言葉に配慮しながらも、こまめに気持ちを伝えるよう心掛けること。その時の気分や、相手に意見を聞いてみようという思いなど、さりげない会話が、それぞれの心の温度を、なによりも正確に伝えてくれます。

有意義なコミュニケーションは一日にしてならず。やり取りの頻度を上げて、もし小さな傷を負ってもすぐに上書きされるような関係性を作っていきましょう。

■ 言葉以外でメッセージを伝えるには

他者とやり取りをするときに生じる、言葉を介したコミュニケーションを「バーバル（言語的）コミュニケーション」と呼びます。言葉が相手と自分との間を媒介してくれることで、伝えたいメッセージを的確に届けてくれるわけです。

普段、特に意識することもなく、このような会話によるやり取りをしていますが、反面、言葉に頼りすぎて本当の心情が伝わらないような場合もあるのではないでしょうか。ちょっと気持ちが疲れているとき「大丈夫？」と尋ねられると、否定するエネルギーが湧いてこないことで「うん」と曖昧に答えてしまう。相手も「ホントかな」と訝りつつも、言葉を信じるほうに傾きがちになり、思いが伝わるには至らないことがあります。

こんなときには、敢えて言葉に依存しない「ノンバーバル（非言語的）コミュニケーション」を活用するのも一案です。

ジェスチャー、目線を使うなど、声に出さずに返事をしたり、「そっとしておいてほしい」という気持ちを仕草で表現したり。黙ってうなずくだけでも、言葉でごまかして答えるよりは、素直に気持ちを伝える手段としては的確なのではないでしょうか。

お互いの関係性にもよりますが、無理に気持ちを言葉にすることなく、態度で示してみるのも、深く分かり合うための手段としては悪くありません。

Point

コミュニケーションは「伝える」のではなく、「伝わる」のが大事。自分本位の発信にならないように、常に相手の立場に身を置いた意思疎通を心がける

Section
4-2

共感し合えるコミュニケーション

■ 共感力を磨く

最近、共感力という言葉があちこちで使われるようになりました。共感力の高い人は、相手が感じる喜びや悲しみ、苦労や辛さに対して、感情的に思いを共有することができます。これは、英語で"put yourself in someone's shoes"と呼ばれ、相手との信頼関係を築く上でも重要な役割を果たします。

これは、そもそも自分と相手の価値観は異なる、という前提に立っての考えかたでもあります。人は主観だけで行動してしまいがちな動物ですが、どんなときでも他者は違った目線で物事を見ているのだ、ということを常に肝に銘じておくことです。

職場でも家庭でも、複数の人間が動くということは、異なる価値観が交差し、混ざり合う場面が発生します。それが上手く機能したとき、新しい集団の価値観が生まれ、チームで活動する意味が深まるのです。共感力を磨くことは、創造的な活動に不可欠だと言えるでしょう。

■ 相手に同感する必要はない

日本語ではしばしば、「共感（＝エンパシー）」と「同感（＝シンパシー）」をごちゃ混ぜに使っているきらいがあるのではないでしょうか。共感と同感が大きく違うのは、共感は、相手の側に立って「なるほど、そう感じているんですね」ととらえることで、同感は、自分の側から「あなたと同じように、そう思う」ととらえることだというところ。

エンパシーとは、意見の異なる相手を理解するために必要な知的能力のこと。つまり、そもそも人はそれぞれ、意見や価値観が異なるいきものである、という前提が重要なのです。

でも、私たちは、うっかり「そうだよね」なんて、たやすく「同感」の姿勢を示してしまいがち。敢えて自分の立ち位置を消すような形でおもねるのは、本来の他者理解とは逆の状況になってしまいます。

「相手は相手」「自分は自分」と、お互いの違いを意識するところから、本来の共感力が生まれてきます。その点を確認し、違いを認めながら寄り添っていくための共感力を磨くことで、心理的安全性が高まってくるのです。

■相手の話を全身で聞く「傾聴力」

共感力を深めるために不可欠なのは、まず相手がどのように物事をとらえ、どう感じ、どのように行動しようとしているかを知ること。そのためには、しっかりと相手の考えを引き出し、聞く力が大切です。

起こりがちなトラブルは「言った」「言わない」、すなわちその場で発する言葉を鵜呑みにして、それに従って判断したり行動したりした結果、意図と異なる方向に進んでしまうこと。行動する前に、相手の表現が自分のとらえ方と合っているのか、また本人の気持ちが正確に言語化されているのかどうかを、客観的に確かめる必要があります。

ここで大切なのは「傾聴力」。相手の真意を引き出すために、こちらの主観を交えずに、全身で相手に向き合い、聴き手に徹して聞き取ります。

例えば「○○したい」と相手が口にしていても、それは「○○すべき」という固定概念に囚われていることから出ている言葉で、本当の要望は違うところにある、というのはよくあるケース。他者の「言葉にはならない気持ち」を聞き取ることが、相手を正しく理解し、心理的安全性の高い関係性を築くことにつながってくるのです。

共に向き合い、お互いを尊重すること

職場などでは、仕事に対する指向性が異なる人々の集団となることが多いもの。「できるだけラクをしたい」「自分なりのやり方を試したい」「どうせやるなら楽し

く」など、思いはそれぞれ。言い換えれば、同じ船に乗り、ひとつのゴールに向かうにも関わらず、ルートや航海に臨む心構えは人それぞれ違います。

それでも、適切な労力で一番早く着地に向かえるよう、協力して進んでいく方法を編み出していくには、お互いの気持ちを知り、向き合っていくことが必要不可欠です。共感しながら、違いを意識しながら、それぞれの持ち場を守っていくこと。**自分と異なる価値観から目をそらすのではなく、違うからこそ、適切な役割分担が成立するというメリットに着目しましょう。**誰もが無理せず我慢しないポイントを目指すことで、メンバーそれぞれが高いパフォーマンスを発揮できる心理的安全性の高い集団になるのです。

Point

意見や価値観の異なる相手を理解する「共感（＝エンパシー）」の力をもって、お互いを尊重しながら協力する体制を作り上げていくことが大事

Section

4-3 失敗をチャンスに

■ 何が失敗なのか、をはっきりさせておく

第1章で紹介した「心理的安全性の7要素」の冒頭に記されている項目、「チームの中で失敗しても非難されない」。これは、積極的な挑戦を促すためにとても大切な役割を担っています。

失敗したくない、という気持ちは多くの人が感じますが、その理由は、失敗を非難され、それによって自己肯定感が下がってしまうこと。それが自信喪失につながり、その後の行動にも悪影響をもたらすでしょう。

もちろん、失敗せずに成功できれば良いですが、失敗するからこそ「精度の高い

成功」がもたらされるという考えかたもあります。**つまり、成功に貢献する失敗であれば、それは成功へのステップのひとつであり、積み上げていくプロセスにすぎないということです**。

仮説と異なる結果は、その分、時間や経済的コストを費やすことにはなります。かと言って、それに対して、恐れやネガティブな気持ちを抱くのは無用なこと。失敗とはそのように、モチベーションを喪失するような状態になることを指すはずです。むしろ、スムーズに運ばない経緯を発見できたことを尊ぶべき。

より精度の高い、次の着地点を探すきっかけをチームで共有できれば、行動を否定されない、心理的安全性をさらに高めることにつながるでしょう。

■ レジリエンスを高める

ちょっとしたきっかけで落ち込んだり、ふさぎ込んだり、誰かを恨んだり、怒りに震えたり。自分にとって悔しく辛い、不快な出来事を避けて通ることはできません。

それでも、なんとか立て直していつも通りの自分に帰る力を、「レジリエンス」と呼びます。もともとは、バネの弾力性と、それの反作用として発揮される回復力を指す物理学用語。これを応用して、危機的な状況下でも苦しさや困難に打ち勝って、元に戻れるような力を持つ人のことを「レジリエンスが高い」と呼びます。

レジリエンスは❶自己肯定感、❷社会性、❸ソーシャルサポートの3つから成り立っています。3つのパーツそれぞれの力を強めていくことで、レジリエンスが高まります。なお❸のソーシャルサポートは、周囲の力を借りる力を指します。

「出る杭は打たれる」といいますが、打たれても凹むことのない杭であれば、どんなに叩かれようと平気。もちろん、人間の心はそこまで頑丈ではありませんから、力まかせに打たれれば痛く辛いと感じるけれど、すぐに元に戻れる力、つまりレジリエンスさえ高ければ問題ありません。失敗しても、弱いところを突かれても、レジリエンスの力を借りて、次々にチャレンジをすることができるのです。

■「心理的柔軟性」が心を支える

想定外のトラブルやアクシデントに見舞われたとき、焦ったり、ショックで動けなくなったりと、いつも通りの自分を見失ってしまうことがあります。このようなときに有効なのが、「心理的柔軟性」です。

もともと、「アクセプタンス＆コミットメント・セラピー」（Acceptance and Commitment Therapy；ACT〈アクト〉）という心理療法に基づいた考え方で、簡単に言えば、自分が大切にしているものを意識して、どんなときでもそれに沿った行動していくようにするということ。人それぞれが持っている、信念や自分なりのルール、価値観を意識しながら行動することで、どんな場面でもフレキシブルに行動ができるはずだということです。

例えば、ずっと働き続けたいと思っている職場で、たまたま自分の意見が受け入れられなかったとします。そこで自分が不機嫌になって、席を立ってしまったら、せっかくの心地よい居場所を失ってしまうかもしれません。それより、ここで心理的柔軟性を発揮し、自分なりにその状況をフラットに受け入れることで、落ち着いて次善の策を講じることも可能になるでしょう。

このように、心理的柔軟性は、目の前のあれこれに惑わされず、自分らしく振舞っていくためには必要不可欠なもの。日ごろから、自分にとって価値あるものは何かを見定めておくことがポイントになるでしょう。

■ リフレーミング（認知的再評価）をたえず心がける

目の前で起こっていることがネガティブに感じられたとしても、逆から見ればポジティブな面が発見できます。例えばランチに向かったお店が定休日だったら、他の店を開拓するチャンスだととらえたり、仕事で使っているPCがアップデートなどの理由で一定時間使えなくなったら、休憩時間ができたと喜べたり。

このように、物事を違った視点からとらえ直すことを「リフレーミング」（認知的再評価）と呼びます。起こった出来事をネガティブに感じるか、ポジティブな意味でとらえるかは自分次第。それならば、いい方向にとらえたほうが、気分もよく、積極的に取り組めるはずです。

自分のご機嫌は自分で作るもの。**否定的な気分で心が沈みそうなときには、意識的にプラスの要素を探してみましょう。**さらに、周りにネガティブなとらえ方をして悩んでいる人がいたとしたら、ポジティブに見直せるよう助け舟を出してあげることもできそうです。

「そうだよね、そうも考えられるよね」と相手が笑顔に戻れるよう、チームの雰囲気を整えていくことも、職場の心理的安全性を保つために効果的です。

■いつでも戻れる定位置をつくる

うっかり人間関係のトラブルに巻き込まれてしまった挙句、結果的に孤立して、ひとりぼっちになってしまうことがあります。

このような場合に備えて、自分の居場所は複数持っておくことが、心理的安全性を下げないためには大切です。自分を受け容れてくれる人がいる場所なり、リアルに顔を合わせる場だけでなく、インターネット上などのグループでもかまいません。

とにかく、自分が安心して留まれる場所を複数用意しておくことが重要です。

人は孤独になってしまったとき、落ち込んだ気分から立ち直れなくなったり、寂しさのあまり自分の殻に閉じこもってしまうこともあります。

そのような状況を避けるためにも、日頃から、自分らしく過ごせるコミュニティをいくつか設けておくと安心です。

Point

失敗も成功のために積み上げていくプロセスのひとつ。それを別の観点からとらえたり、元の位置に立ち返ったりすることで、心理的安全性は担保される

Section
4-4

毎日の「こころのコンディション」に気を配る

■今日と明日では違う自分に気付く

「毎日同じようなことの繰り返し」と思うと、日々むなしく感じることもあるでしょう。同じ電車に乗って、同じ場所に通う。あるいは自宅で毎日ルーティーンを重ねて、大差ない一日が暮れていくのを感じる。こんな代わり映えのしない生活は、ある意味、幸せでもあるはずですが、変化のなさがモチベーションの喪失につながってしまうこともあります。

それでも、昨日と今日がまったく同じということはあり得ません。少しずつでも変化していく自分を意識していくことも、心理的に穏やかな状態を保つためには重要です。このように、自分自身の心と身体のバランスに配慮していくことを、心理学では「セルフコントロール」と呼びます。

望ましい自分の状況を、自分自身で意識していくことが、心身ともに良い状態をキープし、生産性の高い毎日を送ることにつながります。

日々の課題やストレスと上手く付き合っていくためにも、毎日の自分のコンディションをチェックするクセをつけていきましょう。

■ モヤモヤを外在化する意味

なんとなくイライラする、体調は悪くないけれど気持ちがスッキリしないなど、心がモヤモヤするとき。その原因はさまざまですが、なかなか気分が晴れない原因の大部分は、悩みごとを言語化せず、自分の中に抱えたままにしているから。

自身の問題だと感じていることも、実は周りの人や、外的な環境などの影響もあり、決して自分ごとだけではない場合が多くあります。「あの人と上手く付き合えないのは自分の性格のせい」とか、「仕事が滞ってしまうのは能力が低いから」など、問題を自らこじらせてしまうパターンです。

このように、悩みを自己の内部に取り込んで、自分のせいにするのではなく、問題と自分を切り離して考えること。これを「問題の外在化」と呼びます。つまり、解決すべき課題を外から客観的に眺めてみることで、「ヒト」ではなく、起きている「コト」に視点を移す考え方です。

自分自身のあり方を変えるのは難しくても、「いま、ここ」で起こっている状況を分析し、変化させようとするほうが、さまざまな工夫もしやすくなり、早々に解決への端緒をつけていくことができるのではないでしょうか。

問題を内在化させず、外在化していく方法は、ややこしい人間関係のトラブルでも大きな威力を発揮します。ぜひ試してみてください。

■「三行日記」でジブン記録を積み重ねていく

日常の中で心に引っかかる出来事があったとき、放置したままにしていると、なんとなく忘れたつもりでも、解決にはなりません。しかも、そのまま放置している

◎寝る前にメモや日記をつける

と、またどこかのタイミングで繰り返し同じような問題に直面することがあるはず。問題自体が不完全燃焼なまま、自分の心のどこかに溜まっているせいかもしれません。

このような事態を防ぐためには、毎日、日記やメモを書いていくこと。寝る前に、その日起こったことや、感じたこと、特にネガティブな方向に引っかかっていることなどを、短く記していきます。文字にすることで問題を外在化でき、どこでつまずいたのかが理解できます。また、日々の行動を継続的に記録し続けていくことで「そういえば前も同じようなことあったけど、どうやって解決したんだっけ」など、後になって行動記録を基に振り返ることなどもできます。
毎日続けるのが難しいようなら、可能なときだけでもかまいません。気持ちのモヤモヤを感じるとき、思いのたけを言葉にして書き残していくことが、思いのほか頭をクリアにしてくれます。

Point

昨日と同じ今日はない。毎日の気持ちの変化や心の移り変わりに敏感になり、それを記録していくことで、よいコンディションを保つことができる

Section

4-5

自分らしく過ごすためのストレスマネジメント

■しなやかな自分を保つためのコーピングスキルを身につける

「最近ストレスが溜まって……」とか、「ストレス解消のために筋トレをしようかしら」など、日常会話の中でよく使われる「ストレス」という言葉は、心理学では呼び名をいくつか使い分けています。

ひとつ目は「ストレスの原因」という意味で、「ストレッサー」と呼ばれます。自分がイライラしたり、いやな気分になるきっかけになるもの。仕事が忙しい、とか、会社の人間関係が複雑で、といった理由を指します。

もうひとつは「イライラした結果」、すなわち、イヤな出来事（刺激）に対して自

分がどのように影響されたのかということ。これを「ストレス反応」と呼びます。上司にとんちんかんな評価をされてイラっとしたとか、乗れるはずの電車に乗り遅れて落ち込んだりとか、自分にとってイヤなことが起こって、ネガティブな気分になることです。

いずれにせよ、生きているかぎりストレスのきっかけ、すなわちストレッサーはなくなりませんが、ストレス反応については、自分次第で何らかの対処ができる、ということが多いのです。例えば、ちょっとした嫌みは深く考えないようにすることで、自分の中にイヤな気分を残さずに受け流すことができるようになります。期待外れの現実に対しても、気にせず「よし、次からはもう少し早く家を出るようにしよう」などと、同じことで悩まないよう工夫するのに役立てることができれば、ストレス感情を生まず、逆にプラスに活用することができます。

これらのストレス対処法を「ストレスコーピング」と呼びます。コーピング(Coping)とは、英語で「対処する」といった意味合いで、現状に対して上手く対応していくスキルのこと。一緒に使えるストレスコーピングの数（レパートリー）

が多ければ多いほど、ストレス耐性が高まると言われています。自分に合ったコーピングレパートリーを見つけ出し、活用していくことで、日常のストレスにも強く、心理的にも安定した過ごしかたができるようになるのです。

ここでは、コーピングレパートリーの8つのパターンについて学んでいきましょう。

❶情報を集める

目の前の問題をなんとかしなくてはならないとき、すぐに解決に向けて適切な行動を起こすのはなかなか大変。どんなことをどんなタイミングで、どんな相手から、どのようなアプローチで対処していくべきなのか。**これらをできる限り正確に把握するには、まずは情報を集めるところから手をつけること**。これによって、一歩でも前に進んでいる実感を得ることができ、ストレスレベルを下げることができます。

まずは、すでに同じような場面を体験した人から話を聞いて参考にすること。どんな話を聞きたいかを相手に問いかけること自体が、自分の考えを整理するのに役立ちます。また、目上の力のある人に教えを乞うのもひとつの手段です。多くの人生経験を持つ方であれば、こんなときにどう振る舞えばすっきりとするのか、適切な答えに導いてくれるかもしれません。さらに、詳しい人から自分に必要な情報を収集すること。解決に向かうための選択肢を多く持つことは、自分自身にゆとりを取り戻すのに役立ちます。

ひとつの方法にチャレンジしてみて、たとえ失敗したとしても、また次のアイディアを試してみればいい。そう思うだけで、気持ちに余裕が出てくることが実感できるのではないでしょうか。

❷問題解決の計画を立てる

ストレスの原因になることがわかっても、簡単には解決できない場合がほとんど。**それでも、トラブルの原因や、役に立ちそうな要素を紙に書きだして挙げていくと、だんだん「上手くいくかも」「何とかなりそう」という目処が立ってくるもの。**ずっとアタマの中でぐるぐると原因について考えていると、それ自体が、新たなストレスの種にもなりかねません。

原因にとらわれて「なんでこんなことやっちゃったんだろう?」「自分が悪かったのかな」「アイツさえいなければ上手くいったのに」などと、思いを巡らせていても何もなりません。前向きに気持ちを切り替えるためにも、具体的な行動計画を立てていくことが有効なのです。

❸誰かに話を聞いてもらう

嬉しいことやイヤなことがあったとき、周りの人に話を聞いてもらうことで、気持ちが落ち着くのは誰でも経験があるのではないでしょうか。特に、自分にとって難しい状況に置かれたときには、頭の中でああでもないこうでもない、と思い巡らせるよりも、口に出してしまったほうがスッキリとするもの。

心理学では、自分の中で気持ちを閉じ込める方向性や、外に吐き出す方向性がありますが、問題を外に出してしまったほうが、客観的に見直すこともできて、ストレス反応を下げることができる場合が多いのです。

こんなときこそ、気を許せる相手に連絡して、グチをこぼす場を設けさせてもらうのが冷静になるための鍵でもあります。困ったときにはお互い様、そんなふうにとらえて相手に頼ってみるのも、関係性を深めるひとつのきっかけになるかもしれません。

❹良い面を探す

同じ経験をしても「もうだめだ、どうにもならない」と悲観的に考える人もいれば、「そのうち何とかなるさ」と楽観的にとらえる人もいます。最悪のパターンを想定しておくことで、本当につらい状況に陥ったとしても「想定内」と思えることが、ショックを緩和すると考える人もいますが、それではネガティブな気分を持ち続けることになり、ストレスを低減することにはあまりつながりません。見通すことが難しい状況であるほど、敢えてポジティブな視点で物事を客観的にとらえるほうが、コーピングとしては有効です。

一見、悪いことが起こっているようでも、反対側から見直すと良い面が隠れてい

るもの。直面している問題を、単にイヤな出来事だと考えるのではなく「下りきったらあとは上るだけ」と前向きにとらえ、良い面からのアプローチをしていきましょう。

失敗するから、次善の策がブラッシュアップされる機会を得ることができるのです。「転んでもタダでは起きない」というつもりで、マイナスのエネルギーをプラスに変えていくことが、ストレス反応を下げるだけでなく、問題解決にも効果的です。

⑤ 責任を逃れる

「責任を逃れる」という響きには、近年よく言われる「自己責任」の重さや、社会人としての無責任さを感じさせることもあるかと思います。ただ、すでに起こってしまったことに対して、全ての責任を負えるかと問われれば、難しいことのほうが多いのではないでしょうか。特に、真面目な人ほど何でも「自分のせいだ」「自分が頑張らなかったから上手くいかなかったんだ」と、全責任を背負おうとしがち。しかし、自分の手に負えないような事柄については、責任感を発揮しようとするほど空回りして、状況が悪化することもしばしば見受けられます。

こんなときには、いったん責任を放棄して、その場から離れるのもひとつの方法。これ以上、自分ひとりで問題をこじらせず、解決できる力を持った他の人の手に委ねるほうが、周囲にとっても望ましい結果につながるケースが多々あります。

問題を抱え込まずに距離を置くことが、自分のストレス状況の悪化を止めるだけでなく、状況改善においても効果的な結果をもたらします。

❻ あきらめる

目の前の問題を、自分の手には負えないと放棄したり、対処不可能だと考え、あきらめること。これはストレス対処法としては立派に機能する方法のひとつです。

例えば、もう取り返しのつかない出来事や、自分の力では動かしようのないものに対しては、いかなる努力も無駄です。**粘ったところでどうにもならないのなら、潔くあきらめてしまいましょう。**「もう、しょうがない」「このことについては考えない」「次に行こう」と割り切ることは、ストレスを抱え込まないためには非常に有効と言えます。

また、現状ではどうにもならなくても、時間の経過によって解決する、というパターンも存在します。いわゆる「時薬（ときぐすり）」、待つことが解決への唯一の道であることも少なくありません。

個人的には、ストレス場面で一番よく使うのが、この「あきらめる」コーピング。思考停止してしまうような大きなストレスほど、この「あきらめる」を使うことで、自分をラクな気分に切り替える効果絶大です。イラっとしたらこの❻、ぜひ頻用してみてください。

❼ 気晴らしをする

よく言われる「ストレス解消法」がこの方法。カラオケで思いっきり歌ったり、お酒を飲んだり、スポーツをしたり。ストレスのもと、すなわちストレッサーとは無関係な、自分に合った行為をすることで、一時的にでもストレス状態から自分を解放することができます。ストレッサーをアタマの中から追い出して、本来の自分を取り戻すのにも役立ちます。

ただし、注意が必要なのは、気晴らしだけではストレスの原因に対処しきれないこと。あくまでもストレッサーから距離を置いてスッキリする効果があるだけで、そもそもの問題が解決するわけではありません。嫌な気分から脱するためには、少しでも問題解決につながるコーピングと並行して行うことをおすすめします。

⑧くよくよ考えないようにする

コーピングスキルの最後の一手は、考えすぎないこと。もっと言えば、考えすぎないような生活習慣を養うことでもあります。解決しなくてはならない問題を抱えていると、他のことをしていても、つい頭の中でシミュレーションしたりと、つねに漠然とした不安を内に秘めている方も少なくありません。

気をつけたいのは「このことは考えてはいけない」と思うと、かえってそのことばかり思い浮かべてしまい、逆効果だということ。これを心理学では「シロクマ効果（※注）」と呼びます。

このようなときは、スポーツなどに熱中して他のことを忘れてしまうような場面を作ったり、アロマを焚いてリラックスするなど、他の行動によって気ばらしに努めることが得策。リラックスして、自分に合ったかたちで、ストレッサーから自由になれる状態に自分を整えていきましょう。

注：「シロクマのことは考えるな」と言われると、そのことが頭から離れなくなってしまうという現象（ウェグナーの皮肉過程理論、１９８７）。

Point

生きている限り、ストレスのきっかけ＝ストレッサーはなくならない。ストレスを上手くコーピング（善処）していくことで、よりよい明日を生きることができる

Section
4-6

眠れない夜と不安をなくすために

■ 穏やかな眠りがもたらすこころの余裕

一般成人の約30～40％がなんらかの不眠症状を訴えており、特に女性に多いと言われています（厚生労働省調べ、２０２３）。

なかなか眠れない、あるいはすぐに目が覚めてしまう夜。カフェインの摂りすぎなど、客観的な原因が明らかな場合はともかく、心配ごとがあったり、ストレスがきっかけで眠れなくなることは誰でも経験があるのではないでしょうか。

睡眠は、身体を休める効果だけでなく、こころの健康を保つためにも重要な習慣行動です。昼間の記憶を整理し、定着を促したり、さまざまな脳の疲れを癒したりと、生きていくために欠かせない時間です。眠っている間に自律神経が整えられることで、ストレスに対する耐性や、行動へのモチベーションも担保され、日々の活動における心理的安全性を高めるためには大切な要素のひとつです。

穏やかで必要十分な時間の睡眠を確保し、こころに余裕を取り戻すよう、ここでは質の高い眠りに着目しましょう。

■ 眠りと昼間のコミュニケーションの関係

ベッドや布団に入っても、なかなか眠りにつけないことがあります。あるいは、夜中に悪夢を見て目覚めてしまい、再度眠ろうと思っても目がさえてしまうのもよく起こること。

このような状況は、昼間にストレスを感じる出来事があったときによく起こることです。「あのとき、ひとこと言えばよかった」「なんで彼はあんな言い方をしたんだろう」「あいつさえいなければ失敗しなかったのに」など、ネガティブな事柄が思い出されると、ストレス反応が治まらず、覚醒状態が続くことで、身体の興奮状態が治りません。

心理的安全性の低い場所にいると、このようにストレスフルなコミュニケーションが発生しやすくなり、不眠に陥りやすくなります。布団に入っても眠れない、中途覚醒がある、早朝に目覚めてしまうなどの睡眠障害は、放置しておくと治療が必要となります。健やかに日々を送るためにも、眠りを阻害しないような環境をキープする意味があるのではないでしょうか。

■眠れないときの対処方法

眠れない主な原因は、

❶交感神経の働きが活発なままである
❷体内時計が正常に働いていない
❸眠れないことに焦りを感じている

この3つです。

❶については、先に挙げた昼間のストレスがまだアタマの中で整されておらず、心拍数や血圧が高いままで身体が興奮した状況が続いているということ。**このままでは睡眠に入ることができないため、交感神経の働きを抑える副交感神経を活発にするための対策をとりましょう**。ヨガやストレッチなど、静的な運動を行うことで、快い疲れとともに心が穏やかになってきます。寝る前に、ぬるめのお湯にゆっくり浸かることは、副交感神経の働きをサポートします。また、湯舟に浸かると体内温度が上がりますが、お風呂から上がって2時間ほどたった時点で眠気がやってくるので、タイミングを見計らっての入浴は効果的です。

❷について。人間は1日の身体のリズムにしたがって活動と睡眠のサイクルが形成されますが、生活リズムが変動することで、その周期が狂ってしまうことがあります。現代は夜遅くまで活動する機会も多くなり、生活リズムが乱れがち。**このような場合には、まず朝、カーテンやブラインドを開いて太陽の光を浴びることで、少しずつ体内時計の乱れが落ち着くと言われています**。日が出ていない雨や曇りの

日でも、朝は一定の時間に外の光を浴びる習慣をつけましょう。

そして❸については、「寝なくちゃ」と焦れば焦るほど、さまざまな記憶が浮かんできて、かえって眠れなくなるような状況を指します。**ベッドに入っても目が冴え冴えとしてしまうときには、寝室から一回出ることが大切。**温かい飲み物（カフェインの入っていないもの）をとったり、読書をしたりと、穏やかな時間を設けましょう。このとき、パソコンやスマートフォンの画面を見たり、ゲームをしたりするのは厳禁。ブルーライトの影響や、コンテンツが新たな刺激になって、かえって眠れなくなります。また、眠れないときの飲酒は、深い眠りを妨げてしまいますので避けましょう。

Point

睡眠は心と身体の健康のための大切な習慣行動。ストレスフルな状況から脱するためにも、毎日十分な眠りの時間をとることが重要

心理的安全性を守る会話

④親子の会話 編

子どもの年齢によって言葉かけの内容は変わってきますが、共通するのは、幼い時期から子どもを尊重する気持ちを欠かさず伝えていくこと。親の思い通りにならないからと言って、罰を与えたり無視をせずに、感情を受け止めながらやり取りすることで、親子間の心理的安全性を保つことができます。

39 叱るのではなく導くこと

「こうしたらもっと上手くいくんじゃないかな」

40 自由な感情表現を許すこと

「(泣いている子どもに)そんなこと言われたら悲しい気持ちになるよね」

41 共感と理解を繰り返し伝えること

「そんな気持ちになったんだね、それは大変だったよね」

42 自由に答えられるようなオープンクエスチョンで問いを投げかけること

「今日はどんなことして遊んだの」

43 失敗や間違いを許す姿勢を示すこと
「それは仕方ないよね、だったら次は上手くいくんじゃない？」

44 子どもの個性を尊重したい旨を伝えること
「あなたらしいことが素敵なんだよ」

45 共に過ごす時間を大切にしていることを伝えること
「こうして一緒にいられて嬉しい」

46 愛情をストレートに伝えること
「いつだってあなたのことを大事に思っているよ」

47 危険な行動は理由を説明してから止めさせること
「〇〇するとケガするからやめようね」

48 わがままはいったん保留し、いますべきことを示すこと
「そうしたいって思うんだね。〇〇だから、今はまずこれをしてみよう」

49 子どもの勘違いをやんわり受け止めてから、修正すること
「そう思ったんだね。そうではなくて、〇〇だと思うよ」

50 素直に感謝を伝えること
「今日は話せてよかった、ありがとう」

第 5 章

ウェルビーイングな職場を創造する「心理的安全性」

ウェルビーイング（Well-Being）という言葉は、健康や幸福、満足感、豊かさ、安定した生活を送れる状態などのこと。人間は内面的、社会的、経済的など、複数の側面を持っていますが、一人ひとりがその人なりのウェルビーイングを保ちながら、日々を健康的に過ごすことで心理的安全性も実現できます。さらに、チーム全体がこのようなメンバーで構成されることが、お互いの相互作用にもつながります。

Section

5-1

望ましい「ウェルビーイング」な姿とは

■日々のストレスに負けない自分軸をもつ

避けられないストレッサーやプレッシャーなど、自分を取り巻く困難な状況に直面しても、自分自身を保ち、自己の価値観に沿った行動をとること。これは、仕事や人間関係、生活上の課題などにおいて、自分自身を貶めずに、自信を持って対処するために大切な要素です。

特に、誰かに提案を否定されたときなど、自尊心が傷つくような場面があっても、常にそこに戻ってこれるような「自分軸」があれば、その軸につかまって立ち直ることもできるはず。自分がどんなことに価値を見出し、何を大切にしているのか。

長期的に目指すのはどこなのか。上司に揺さぶりをかけられて、自分の意見を思いっきり批判されても、そんなポリシーがしっかりしていれば、冷静に自己主張や洞察を続けることができるでしょう。

感情に左右されず、自分軸に基づいて、価値観や目標を追求することは、自尊心や信頼感を高める効果もあります。たとえ議論で相手に勝つことができなかったとしても、沈黙の中で自己に打ち克つ、そんな強さを失わず、次の行動へと向かっていきましょう。

■過去の成功にこだわらない

新しいチャレンジに向けてのモチベーションや過去の成功にこだわりすぎると、過去の成功に対する安心感や満足感があるため、新しいチャレンジに対するモチベーションが低下する可能性があります。過去の成功を評価することは大切ですが、過去の成功に固執することは、新しいチャレンジへの探求力を低下させます。

過去の成功にこだわらないことは、次の3つの利点があります。

●利点1：新しいアイディアを発見しやすい
過去の成功にこだわらないと決めておけば、つねに新しいアプローチを探し求め、より良い結果を生み出す可能性を高めます。
●利点2：フレッシュな視点で臨める
いままでトライしたことのない観点から物事を見ようとする習慣がつくので、新たな発見や解決策を生み出すことができます。
●利点3：リスクを恐れない
前例を踏襲しようとすると、新たなリスクを取ることを避けがちになります。上手くいくかどうかはやってみないとわからない。まず一歩踏み出す勇気を持ち、新たな成功に向かう道を切り拓くことができます。

■「ヒト」ではなく「コト」に焦点化する

「ヒト」ではなく「コト」に焦点化することと、心理的安全性には密接な関係があります。

心理的安全性が低い環境では、仕事や人間関係などのトラブルが発生したとき、その原因を「ヒト」に設定しがちです。そのため、問題解決に先立ってまず「犯人捜し」が行われ、問題への関わりの多寡を探りつつ、元凶とされる人物が特定されます。これによって、当該の人物が多くの責任を担うことで、事態はいったん解決したと見なされます。もちろん、犯人とされた者は、チームの中での信頼や支援を失います。さらにチームから排除され、別の場所へ排斥されるケースも少なからずあるでしょう。

しかしながら、このような方法では、発生した問題自体を正確に把握するという機能が欠如しているため、起こってしまった事態を改善、是正するという、本来、必要な行動が行われないまま放置されてしまいがちです。

ここで、「ヒト」ではなく「コト」に焦点化するのであれば、個人的な感情や問題、人間関係などの主観的な事項から離れ、起こっているコトを客観的に観察し、論理的に解決に向けた方策を取ることができます。行動に際しても、メンバーそれぞれが自分の持ち場で力を発揮できる状況が担保されます。このように「ヒト」のせいにしない解決スキルをチームの中で行い、スキルを醸成していくことで、心理的安全な環境がさらに高まり、構築されていきます。

■ 我慢しないでスイッチする

仕事の上のトラブルや人間関係のストレスなど、日常の中で「イヤだ」と思うことがあっても、自分に対して「我慢しなくちゃ」と言い聞かせ、ぐっと飲みこむ、という場面は、誰でも少なからず体験しているでしょう。

我慢するという行為は、それ自体が新たなストレッサーとなって自分を痛めつけてくることもあります。さらに、感情に蓋をすることで、他人とのコミュニケーションが不自然になったり、本当に言いたいことが表現できず、上手く伝わらないことにもつながりがち。また、自分の思いを封じ込めようとすることで、本当にどうしたいのかというニーズが見失われることもあります。そのうえ、我慢することで、自身が本当にすべきことが行えず、自分自身に対する責任を果たせないという無意識の諦念につながる場合があります。

こんなときには、我慢せずに気持ちを切り替えること、つまり、仕方ないことは手放し、新たな気持ちに自分自身をチェンジすることが必要です。

もちろん最初は容易にはできないかもしれませんが、我慢しなくてはならないような状況というのは、自分の力ではどうしようもないという場面。それであれば、気持ちをこらえるのではなく「そうしたい」と思った気持ちを切り替えて、次の行動に向かうように自分自身を仕向けましょう。変えられないものはあきらめ、次のチャンスに向かって気持ちをスイッチする。そんな習慣が、心理的安全性の高い心の状態を保つのには有効です。

■「ココロ」と「カラダ」の相関を意識する

身体がだるいと気持ちもスッキリしない。心が疲れていると、だるさを感じる。**このように、心理的な状態が体に影響を与え、逆に身体的な状態が心に影響する現象を、心理学では「心身相関」と呼びます。**これは、心臓や呼吸などの循環器系の変化が、ストレスや不安などの症状を引き起こしたり、睡眠不足や運動不足などの身体的な状況が、抑うつや不安など、心によくない影響を与えるのが原因です。

◎「心身相関」の神経回路

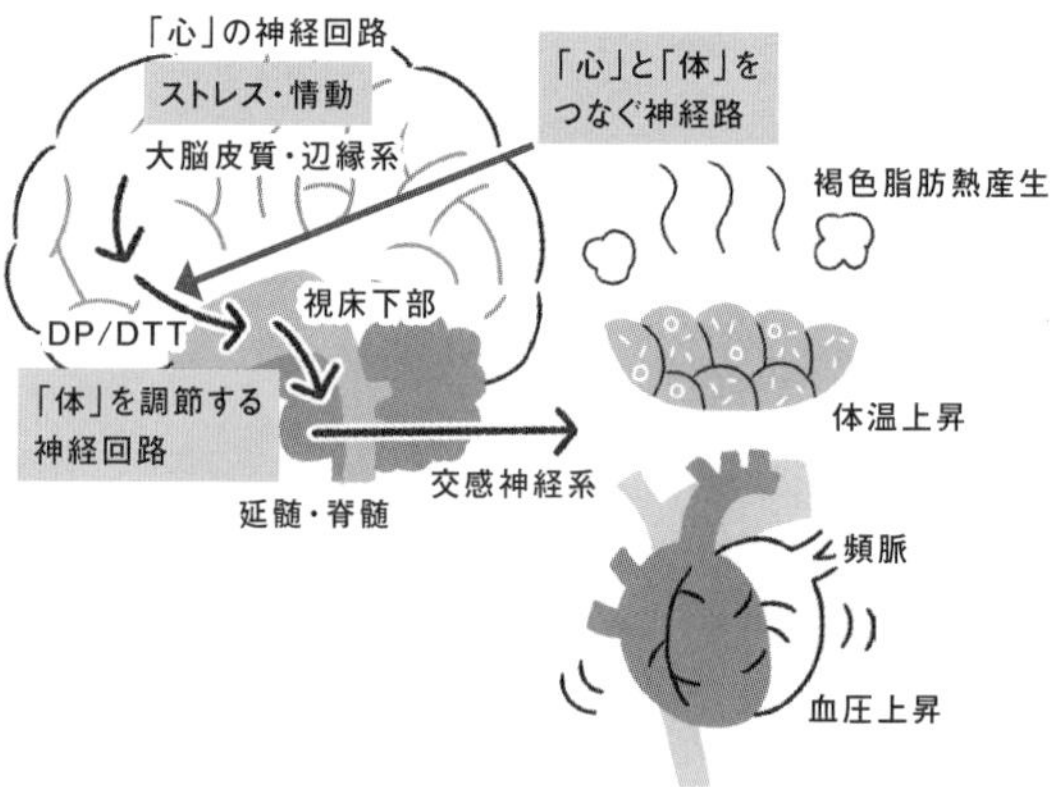

出典:「心と体をつなぐ心身相関の仕組みを解明―ストレス関連疾患の新たな治療戦略へ―」（名古屋大学 日本医療研究開発機）

具体的には、行動を活性化する交感神経と、行動を抑える副交感神経がそれぞれの機能を促進、抑制し合うため、どちらかが活発になると、もう片方が影響を受けるというバランスで成り立っています。

いずれにせよ、心の不調は体調にも影響するため、チームの中で機能する役割を果たすためにも、両側面からの配慮が必要です。

Point

ウェルビーイングな職場を目指すためにも、心理的安全性は有効。日々のストレスに左右されない自分軸は、健康な身体と心を保つのに役立つ

Section

5-2

サポート希求力を評価する

■ ひとりで慌てず周囲を頼る

「ひとりでできる」ことは、達成感を得るにはわかりやすい過程ですが、決してプラスの意味だけを持つものではありません。無理に自分だけで物事を完遂しようとすることが、その後に悪影響をおよぼすこともあります。

チームや周囲とのネットワークを活用していくことで、自分だけでなく、周りの人々との信頼関係が一層培われます。他の人の力を借りながら、よりレベルの高いアウトプットにつなげていきましょう。

また、大きなプロジェクトや成果物をリリースしようとするなら、物理的エネルギーも、自分ひとりでは賄いきれないことが多々あります。孤立せず、周囲の人たちを巻き込みながら、物事を作り上げていくスキルも、ウェルビーイングな仕事を遂行するためには役に立つことを覚えておきましょう。

■ 断るスキルも必要

人に頼ることと同時に必要なスキルは「断る」。「よろしく」とお願いされたら断れないとか、目上の人からのリクエストはなかなか拒否できないという人は少なくないでしょう。

他人を頼ることもあるけれど、どうしても協力できないときには、きっぱり断ること。これも責任をもってタスクを遂行するためには欠かせません。

「頼まれちゃうと上手く断れなくて……」という人がいますが、これはもちろんメンタル面で抵抗があっても断るべきときには、スキルを身に着けて、関係性を保ったまま上手にお断りしましょう。

「今回（今日）だけは、他の仕事が押しているので難しい」「お手伝いしたいのはやまやまですが、自分の仕事の納期が迫っていて、どうしても仕事を手伝うことができません」などと、決して相手の頼みを無下に断っているのではなく、限定的に、やむを得ずお断りしているという気持ちをしっかり表明すること。

ポイントは、断る理由を具体的に示すことです。事情があってお受けできない、という断りの文句を入れれば、相手もイヤな思いをせずに理解してくれるはず（しない人は相手が悪い）。こちらも、無理せず、自分軸で行動するためには必要なスキルです。

■ペイフォワード（恩送り）をつなげていく

ペイフォワード（Payforward）とは、他人の恩義に対して返礼すること。自分が受けた恩恵を、それをしてくれた恩人（当事者）に帰すのではなく、また別の相手に与え、それによってベネフィットの輪がより大きく、広がっていきます。

困っているとき、周囲をサポートしていくことは、他人との信頼関係の形成につながります。さらに他人の恩義に対して感謝の気持ちを示すことで、相手との信頼関係を構築し、心理的安全感を高めることができます。

よく、他人の力がないとできないようなことでも「頼んでしまうとその後に御礼やお返しをするのが煩わしくて」と、問題を自分で抱え込んでしまう人は少なくありません。**でも助けてもらうことは、決して返礼を強要するものではなく、ましてや組織の中でのタスクの遂行に関わるものであれば、助けを求めるのは当然のこと。**

メンバー同士で知恵と工夫を出し合い、してもらった感謝はペイフォワードによって次に送っていくことで、チーム内のコミュニケーションが改善され、チーム内部での関係性強化にもつながります。

■ 助けてもらったことを忘れない

相互扶助というと大げさに聞こえますが、昔からよく言われてきた「お互いさま」の気持ちは、さまざまな場面で奏功します。

これは「困った、どうしよう」と迷う場面に直面する前に、「いま、ここ」で仕事

◎助け合いの精神を大切に

ができていることは、自分の実力だけではなく、多くの人の力添えがあってこそではないかということへの気づきから始まります。

これまでお世話になった人の顔を思い浮かべ、どんなときにどのように力を借りることができたのか。その人の助けがなければ、自分はどうなっていたのか。そんなことを、具体的に書き出して、見直してみましょう。自らサポートを望んだ場合にとどまらず、相手がこちらの様子を察して、向こうから手を差し伸べてくれたことも少なからずあるはずです。相手が自分の時間、その他のリソースを費やして、優しさや親切な気持ちを提供してくれたことに気付くでしょう。

このように、自分の損得だけに目を向けるのではなく、他人がいるから自分もここに存在できる、ということを意識することで、ビロンギング（Belonging）、つまり自分らしさを発揮しながら、チームに関わっていける心地よさを心の底から感じ、さらなる実践につなげていきましょう。

Point

チーム内でお互いサポートし合う「お互いさま」の関係性は、助ける側にも助けられる側にも良い影響をもたらす

Section

5-3

目的を共有してそれぞれが活躍する「機能的役割分担」

■ 得意分野を明確にする

どんなこともそつなくこなす、というのは長所であるものの、その人なりの居場所を見つけるのには難しいもの。たとえオールマイティであったとしても、自分だけしかできない「強み」を明確にすることが、チームでの活動には不可欠です。**まずは自分が知識や技術的な面で、他の人より突出しているところを書き出してみること**。これまで歩んできたことの棚卸しにもなり、自分の経験を整理するのにも役立ちます。

他に、客観的にはわかりにくくても、自分の行動を見返してみて、得意分野を探してみましょう。たとえば、誰かの困っているところを見つけ出してフォローする力や、前例にとらわれずアイディアを思いつくなど、集団の中で発揮しやすい役割を見つけ出すことにチャレンジしましょう。

■ 苦手な点も把握しておく

得意分野を明確にすることで、それとは反対に、自分の苦手なことも見つかってくるはず。人前で話すこと、数字にかかわることなど、これまで経験してきたけれど、克服できなかったことなども、隠さずに明確にしておきます。

特に問題なのは、したくないことを無理に続けること。もちろん、社会人としての基本的なルールや、チームの目的を達成するのに必要な約束は守る必要がありますが、それ以外で自分がどうしても手がけたくないことを我慢しすぎないのも重要です。無理をして取り組んでいても、生産性が上がらないばかりか、周囲に対しても不満が伝染してしまうリスクも。

もちろん、徐々に乗り越えられそうなことはスモールステップで挑戦していきますが、自己の価値観に合わないことをネガティブな気持ちのまま我慢しないよう、心掛けましょう。

■より優れた機能的役割分担を意識する

得意分野、苦手分野を把握しておくと、複数メンバーで活動する際に、自分がのびのびと力を発揮できる役割を選んで担いやすくなります。苦手なことについては、それが得意な人に担ってもらうことで、相手にとっても強みを活かし、やりがいを感じるチャンスになるでしょう。

もし、上手く担い手がいない役割が出てきた場合は、どの程度、対応できるかをそれぞれが再度見出し、スモールステップで取り組んでいきましょう。これも、チーム全体の可動域を拡げることにつながります。

このように、それぞれのメンバーの個性を生かしてチームが機能するよう役割を分けることを、機能的役割分担と呼びます。自分の役割を責任を持って果たすとともに、お互いが相手の役割を尊重し、任せきることが重要です。

判断は担当者に一任する

機能的役割分担をする際には、いったん担当を決めたら、判断事項については一任することが重要です。急なトラブルなどが発生した際には、さまざまな意見が出てチームの足並みが乱れがち。そんなとき、「船頭多くして船山に上る」とならないよう、最初に決めた責任者の決定に従うことを周知しておきます。場合によっては、周囲が様子を窺いながら臨機応変なサポートも役立ちますが、方針のブレが出ないよう、首尾一貫できる仕組みを整えておきましょう。

Point

心理的安全性の高い集団の中では、できることは自分で行い、苦手なことについては、周囲の助けを借りることが、効率的に業務を進めていくためには重要

Section

5-4 多様性を重視する

■ 多様性を保つ効用

組織は学習することで発展します。ここで言う学習とは、新しいものを受けいれ、それに沿って自分の行動を変えていくこと。

前例に沿っているだけでは、新たな刺激に欠けるために、学習は起こらず、これまで通りの水準を保つのが関の山。業界、社会全体で見れば、周囲が成長していく中に取り残されることにもつながります。そのためにも、組織の中に新たな刺激を取り込むことが、学習のためには必要です。

その一番の方法が、多様な要素を組織内に取り込んでいくこと。商品、サービスそのものだけでなく、メンバーや手法など、常にこれまでにないものを探し、追加していくことです。

もちろん、これまであったものを捨てていく作業も同時に行いながら、常にフレッシュな状態に刷新していくことも同時に行いましょう。

■「枠」のなかでの行動を意識する

リフレーミング、つまり「枠」を設けること。これは新たなものを取り込むときのルールを定めることでもあります。

日々、新奇（これまで経験していない）なもの、ことを扱っていくことは、組織の成長に必須である反面、どこまで取り込むのかという、「枠」を決めておかないと、目的から逸脱した結果を生むリスクもあります。そのためには、目標に達するために必要なことを決めておくこと。

逆に、これまで利用していた「枠」が、今後目指すものに適切かどうか。これまでやってきたことの棚卸しをしながら、取り組んでいくことも同時に求められます。

もし現在の「枠」がこれから取り組むことに適切でなければ、さらなる見直しも必要となるでしょう。

これからの活動に必要な「枠」を意識しながら、その中で行動していくことをチームの中で徹底しておくことで、それぞれが自由に活動しながらも、一体化しやすいアウトプットにつなげることができるようになります。

違いがあるから気づくことができる

ある人にとっては当たり前のことも、同じチームのメンバーにとっては信じられないアイデアだったりする。異なる知識や経験を持つメンバーの間では発生しがちな出来事です。

チームが多様であることの一番のメリットはこのような「違い」への気づき。相手が別のバックグラウンドで得た知見は、自分にとって意味のある刺激にもなりますし、相手にとっての自分の発想もしかり。このように、多様であるからこそ、メンバー間での化学反応が起こり、新たな学習が生まれるきっかけにもなり得ます。

■ 排除せず受け入れるためのトレーニング

自分、あるいはこれまで体験してきた集団のメンバーと違う特徴や属性をもったメンバーとの協業には、抵抗を感じて当然です。相手がどんなふうに考え、行動するかという予測がつかないことで、不安を感じることもあるでしょう。

このような場合の最大の壁は、自分とは異なる特性に対して「慣れていないこと」。**つまり、お互いに馴染めるようにコミュニケーションを密にしていくことが何よりの方法です。**

このような、これまで苦手としてきた対象には、直面しながらも、段階的に徐々に慣れていくことが効果的でしょう。新たな行動パターンを一つひとつ知っていくことで、相手への怖れは弱まってきます。

ポイントはいきなり接近するのではなく、少しずつ距離を狭めていくこと。職場の人間関係は、性急に作るのではなく、じっくり確実に信頼を深めていくことが重要です。

苦手なものを避けるのではなく、段階を踏んで直面していく方法は、これまで恐怖に感じていた新たな行動にチャレンジするときにも利用できます。徐々に、無理のない方法で、様子をうかがいながらチャレンジしていくことが、確実にステップを上っていくコツとなります。

Point

他とは違うことを積極的に受け入れることで、その多様性が新たな成長につながる。そのためには、一定の枠（フレーム）から見直すことも重要

Section 5-5

チャレンジこそが最大の貢献

■「前例」がないことにチャレンジする

前例のない挑戦的な行動は当然、失敗の危険性を伴います。

それでも、ビジネスにおいては常に新たなアイディアと、問題解決のスキルが求められています。**管理者の立場から考えれば、大きな損失を生みかねないチャレンジは避けたいところではありますが、現状を超えるためにも、新たな行動を促すマネジメントこそが重要**。これまでの事例で培った経験則を土台に据え、さらに強固な礎に変えていくためにも、チャレンジできる土壌を担保していくことが必要です。

挑戦と表裏一体であるリスクマネジメントを丁寧に行うことで、メンバーと共に新たな場面に向かってきましょう。

■アイディアの価値を見出す

新たなアイディアを実行するには、エネルギーが必要です。それは、お金や時間、質的な要素も含めさまざまな場面へのアプローチが必要になりますが、**もっとも大切なのは、価値をメンバーがお互いに共有していくこと**。もし提案に失敗したとしても、新たな視点から見たときの弱点が判明しやすいため、今後の仕事の方向性を定めていく際にも有意義な経験則となり得ます。

「上手くいくかどうか、やってみよう」、このようなスタンスで、わくわく感を共有しながら臨むのも、モチベーションアップに役立ちそうです。

■小さな気づきを共有する

数年前、ツイッターで「#マシュマロを投げ合おう」というハッシュタグが流行しました。これは、匿名で誰かに聞きたいことをメッセージの形で投稿すると、回答も匿名で

◎マシュマロを投げあおう

届くというサービス。SNSでは、発言に対して見知らぬ相手からの個人攻撃などがあり得るため、気軽に声を挙げにくいという欠点があります。このようなリスクを避けて、誹謗中傷のないやり取りができる、というのがメリットでしょう。なお、ここで「マシュマロ」と称しているのは、ぶつかっても痛くない、という意味も含みます。

このように、ちょっとした疑問や意見などを交わし、共有することは、アイデアが独りよがりにならないためにも役立ちます。身近に声をかける相手がいなくとも「これってどう思う?」と、違う立場からとらえ方を知ることができる機会は、積極的に活用すべき。意図したのと違う受け止めかたをされたら、それも問いの方向性がわかりにくかったという証かもしれません。こんな小さなやり取りを重ねながら、自分だけでは気が付かなかった点を取り込んで、**より効果的なアイデアを**膨らませていきましょう。

■失敗が不安を自信に変えていく

昔から「チャンスの女神は前髪しかない」と言われますが、わかっていてもいざ自分にチャンスが訪れたとき「自信がないから」と諦めてしまうこと、ありませんか。

通ったことのない道にはどんな障害物があるかわからないし、そこでつまづいて転んでしまったら、自力では立ち上がれないかもしれない。一度ケガをしたら痛い目に遭うし、なかなか治らずに不自由な生活を強いられるかもしれない。仮になんとかクリアできたとしても、期待通りの結果が出せないことで、自分のプライドがずたずたになってしまう……。

このように「自信がない」ことを理由に、目の前にある絶好の機会を見送ってしまう人がいかに多いことか。でも、成功したいなら挑戦以外の方法はないし、新たなチャレンジだからこそ、次のステップに上がれるわけです。経験済みの出来事や、熟知している場所でばかり過ごしていては、いつまで経っても足踏みするばかり（【図6】）。

自信をつける方法はただひとつ、行動すること。

上手くやることを目指すのではなく、やってみることそのものを目的に、一歩踏み出すことです。その結果、準備不足で失敗したなら、事前に何が必要なのかが具体的にわかるし、周囲の影響で頓挫したなら、次は環境を変えてやってみればいい。こうして行動を重ねていくうちに、静かに自信が積み重なり、いつか実績という形でゆるぎないものとして形になってくるはずです（【図7】）。

自信がないからやらない、ではなく、自信がないからこそやってみる。それこそがチームにも貢献する心理的安全性を形成する、大きな原動力になるはずです。

Point

前例がないからこそ、やってみる価値があることを再確認。まずはどのような困難が待っているのかを知ることから始めよう

◎【図6】心理的安全性が上がらないループ

A Antecedent きっかけ	自信がない
B Behavior 行動	できない理由を探して行動しない
C Consequence 結果	変化なし
D Delayed outcome 長期的影響	いつまでも自信がないまま

◎【図7】心理的安全性が上がるループ

A Antecedent きっかけ	自信がない
B Behavior 行動	まずはやってみる
C Consequence 結果	上手くいく or 経験が重なる
D Delayed outcome 長期的影響	自信につながる、よりよい方法が見つかる

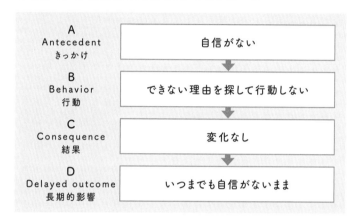

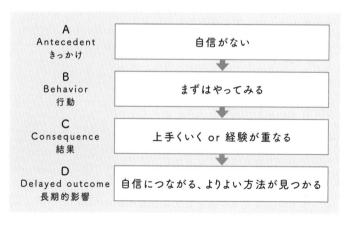

Section
5-6

恐れのないチームを作る

■試行錯誤して進むべき方向を見出だす

チームが最初に掲げた目標をなかなか達成できないからといって、がっかりする必要は全くありません。心理的安全性を高めるためのラーン・ハウ（learn-how）と呼ばれる集団における学習アプローチは、チーム内での知識共有や話し合いに重点を置き、それによって次にどうすべきかの積極的な提案が促進されるというもの。

集団を構成する一人ひとりの個人に行動の責任を取らせるのではなく、その結果についてチームの経験として共有することで、失敗から学び、メンバーそれぞれの次の行動に活かされます。

上手くいかなくても、チーム内の対人関係、すなわち、失敗した者が非難されたり否定されることなく、経験を共通のリソースとすることで、未来に向かう強いチームへと進化できます。

試行錯誤こそが、チームでの目標達成力を上げる鍵になるのです。

誰もがリーダーシップを発揮する

近年「昇進したくない」と言うビジネスパーソンが増えてきています。これは、組織内で報酬に見合わないほどの責任を持たされることを避けたい、という発想もあるでしょう。ところが、チーム力を伸ばしていくためには、上司が方針決定から遂行、結果を出すところまでリードする、という方法では上手くいきません。メンバー全てが自分の業務に関しての責任を全うし、担当する部分に関しては皆を引っ張っていくという姿勢が求められます。**業務を円滑に遂行するに当たっての前提条件から、力の入れどころ、つまづきやすい注意点など、個々人で取り組んでいくにあたって必要な情報を積極的に共有しながら、全体を巻き込んでいくのが大切なポ**

イント。

チームで取り組むためには、誰もがリーダーシップを発揮し、お互いの担務を尊重しあいながら進めていく必要があるでしょう。

■ 感謝を示し続ける

どんな結果も、そこまで関わったメンバーの努力あってのもの。できて当たり前ではなく、一つひとつのタスクの裏にあるプロセスに対して、感謝の意を表しましょう。

組織から経済的な報酬を得るだけではなく、チーム内で、お互いの努力に対するねぎらいや賞賛の言葉は、今後の進捗に対して、何よりのエネルギーになり得ます。メンバー同士が認め合い、それぞれの思いや独自のアイディアを讃え合う文化があればこそ、結束が高まり、集団の力が強くなります。

「ありがとう」「あなたのおかげ」「この工夫が素晴らしい」など、感謝の言葉をシャワーのように注ぐことは、孤独な努力を重ねてきたメンバーを認める、大切な儀

式のひとつ。もちろん、お世辞ではなく、心の奥から謝意を示せる人でありたいものです。

■アウトプットを柔軟に評価する

組織が学習し、成長し続けるためには、メンバーそれぞれが、仲間の取り組みを客観的に評価していくことも重要です。これは、成果物のレベルを高めるだけでなく、本人が次に取るべきアクションを明確に、かつスピーディに決定するためにも効果的なサポートになるでしょう。

もし、期待していた形とは異なるアウトプットだったとしても、他者視点から見直すことによって、ポジティブな点への気づきや評価も生まれやすくなります。

■チームでいても、ひとりでいても、安心できる場づくりを

心理的安全性の高い場では、チーム全体での成果だけでなく、日頃の個人としての働きも大きく評価されます。つまり、個人↓チーム↓個人↓チーム……と、さま

ざまな場面を行き来しながら仕事が進んでいく中で、どのフェーズでも安心して自分らしくいられる安全地帯となっていくのです。

グループの中では自由に意見を発言することができ、個人で行動する場面においても、チームの一員としての立場を保ちながら仕事に活かすことができる。

お互いの言葉に耳を傾け、自由に発言でき、恐れずに伸び伸びと行動できる。そんな人間らしい働きかた、あり方を実現していきましょう。

Point

恐れのないチームでは、お互いの存在を尊重しながらも、全体が成長し続ける仕組みが構築できる。行動を妨げない関係性こそが、成長するチームには最も重要

心理的安全性を守る会話

⑤知人同士の会話 編

地域やSNSでつながりがある知人とは、付き合いの長い友人とはまた違った配慮が必要です。利害関係のない間柄でも、お互いの居心地のよさを崩さないよう、適切な距離感を保ちながら、お互いの心理的安全性を支えていきましょう。

51 親しき仲だからこそ礼儀正しさを前面に出すこと

「今回は本当にお世話になりました。ありがとうございます」

52 踏み込んで欲しくないことは無理に答えない

「それは個人的なことなので、控えさせていただきます」

53 必要なときにはできるだけ力になること

「私にできそうなことがあれば、ご遠慮なく声をかけてくださいね」

54 経済的なことは関われない旨を伝えること

「お金のことは力になれないけれど、それ以外のことでお役に立てれば嬉しいです」

55 失敗や間違いを許す姿勢を示すこと

「どうぞお気になさらず」

56 望まないことがあっても、次に引っ張らないこと
「それはそれとして、また次回よろしくお願いします」

57 わからないことがあれば、失礼のないように確認しておくこと
「先ほどおっしゃっていた〇〇について、念のため伺ってもいいですか」

58 楽しい時間を持てたら相手に感謝すること
「今日は〇〇さんのおかげで楽しく過ごせました、ありがとう」

59 優先順位が相手以外にある場合は、シンプルに伝えること
「どうしても都合がつかないので、欠席します」

60 話題にしたくない件については、事前に伝えておくこと
「こちらの会では、この件についてはお話ししかねるのでご容赦ください」

61 仕事やその他の関係性は持ち込みたくないことを伝えておくこと
「ここでは個人の立場で発言させていただきます」

62 長いお付き合いができるように努めること
「至らないところも多々ありますが、長きにわたってご一緒できるよう努めます」

おわりに
～働くひとがもっと自分らしく力を発揮するために～

私は公認心理師・産業カウンセラーとして、日々さまざまな企業に伺って、働く方たちのカウンセリングをしたり、職場の問題解決に取り組むお手伝いをしています。

そんな中で、ここ数年は

「職場の人間関係にストレスを感じる」
「上司のパワーハラスメントに耐えられない」
「周囲からの心ない言葉に傷ついて会社に来るのがつらい」

などのご相談を受けることが増えてきました。

特に職場でのハラスメントについては、カウンセリングのご要望だけでなく、官公庁・企業・大学など、さまざまな業種からひんぱんにハラスメント防止研修のご依頼をいただくようになりました。

これは、2000年4月（中小企業等は2022年6月）から企業に対してパワーハラスメント対策を義務付ける法律（労働施策総合推進法：労働施策の総合的な推進並びに労働者の雇用の安定及び職業生活の充実等に関する法律）が施行されたことで、働く人へのハラスメントに対する啓発と対策の徹底に対する必要性が高まったことがきっかけになっています。ひいてはそれ以上に、これまで常態化してきた社内のハラスメントに対し，なんらかの対策が必要であることが明確になってきた表れでもあるでしょう。

なぜ企業でのハラスメントが多発し、表面化してくるのか。また職場内での人間関係に傷つき、出社できないほど心身の不調に悩まされるようになる人が続出するのか。

これに対し、現場での実践を続ける中で見えてきたことがあります。**それは、ハラスメントを行う側の言動だけでなく、働く人たちのストレス対処が適切にできていないことと、広い意味でのコミュニケーションスキルの不足が原因ではないかということです**。

そこで、私自身が取り組んでいる、臨床心理学的な面からのストレスマネジメント研究を基に、職場ストレスとコミュニケーションスキルの習得に焦点化したアプローチによる取り組みを続け、奏功してまいりました。

職場ストレスの一番の原因は人間関係。

現代の職場などでは、それぞれの人が必要とするコミュニケーションスキルが十分に身に着いていない状態が多いのではないでしょうか。人づきあいのスキルは、学齢時から培われているように見えて、実は不完全な形のまま、駆使されているケースが少なくありません。学力と異なり、コミュニケーション能力については、学校でも、丁寧に指導される機会はなかなかありません。昭和世代なら、親が「そんなんじゃ大人になって恥をかくから」と叱って直してくれた部分かもしれませんが、いまどきの家庭では、人付き合いなどのソーシャルスキルについては、本人任せになっているケースが多いように思われます。社会の変化とともに、望ましい人間関係のスタイルが変化していく中、新たに適応的な生き方をしていくための技術を習得することの必要性が高まってきています。

コンピュータにロボット、AIが多くの業務を担うようになるこれからの社会では、人それぞれの個性がもっと尊重され、その人ならではの能力発揮が期待されるようになってきます。そのためには、業務に関する知識やスキルを育成していくことも重要ですが、同時に人間同士がストレスなく共に力を伸ばせる環境づくりが求められてくるでしょう。

さらに、一人ひとりが心理的安全性を高めていくことこそが、自分なりの働きがいを見出し、ハラスメントのない働きやすい場づくりに貢献してくれると確信した次第です。

本書では、心理的安全性の考えかたを最初に提唱したエイミー・C・エドモンドソンの定義を基に、実際にさまざまな職場でハラスメント防止や人材育成の取り組みをしていく中で、より現場に役立つ対応方法を記してまいりました。

最後に、本書を執筆するにあたり，ストレスマネジメント関連の記述に関しては，日本ストレスマネジメント学会理事長であり、早稲田大学人間科学学術院教授の嶋田洋徳先生からのご指導をいただきました。また，いつもお邪魔している企業の皆さまからも、多くのヒントを頂戴しました。心より御礼申し上げます。さらに、具体的な数々のアドバイスを下さったスタンダーズ株式会社の河田周平様、有限会社インプルーブの小山睦男様と、プライベートな場面で快く支え続けてくれた家族にも感謝しています。

本書が、さまざまな場所で働く方々の心理的安全性を高め、日々の仕事のやり甲斐を満たすことに、少しでもお役に立てることができれば幸いです。

2023年4月　大村　美樹子

個人の心理的安全性を確保するための25のリスト

最後に自分の心理的安全性が保たれているかどうかを判断できるチェックリストをご用意しました。本文を参考に試してみてください。

1. □ 日々のストレスに負けない自分軸がある
2. □ 過去の成功にこだわらない
3. □ 問題解決はヒトではなくコトに焦点化する
4. □ 人間関係は気持ちを切り替えて対処する
5. □ ココロとカラダの相関を意識する
6. □ ひとりで慌てず周囲を頼る
7. □ 断るスキルを磨く
8. □ ペイフォワード（恩送り）を繋げていく
9. □ 助けてもらったことを忘れない
10. □ 得意なことが明確になっている
11. □ 苦手なことを把握している
12. □ より優れた機能的役割分担を意識する
13. □ 多様性を重視する
14. □ 枠のなかでの行動を意識する
15. □ 自分の個性を明確に意識している
16. □ 慣れないことは段階的に克服する
17. □ 前例がないことにチャレンジする
18. □ 小さな気づきを共有する
19. □ ちょっとした思いつきを言葉にする
20. □ 失敗から自信を生み出す
21. □ 試行錯誤を恐れない
22. □ 小さなリーダーシップを発揮する
23. □ つねに感謝を示し続ける
24. □ チームの中で孤立しない
25. □ 恐れのないチームを作りあげていく

大村美樹子 Mikiko Ohmura

株式会社アイビー・リレーションズ代表取締役。

公認心理師／産業カウンセラー／国家資格キャリアコンサルタント／早稲田大学人間総合研究センター招聘研究員／大妻女子大学人間関係学部非常勤講師／大妻女子大学共生社会文化研究所特別研究員。

横浜出身。早稲田大学大学院人間科学研究科修了。修士（実践人間科学）。富士通株式会社本社にて商品企画、Web直販サイト運営などを行う。

2010年に株式会社アイビー・リレーションズを設立。官公庁や企業での職場づくりに関わる研修やコンサルティング、職場教育などを手掛ける。

また、早稲田大学大学院にてストレスマネジメントやクレーム対応に関する研究に携わっている。専門分野は行動心理学・認知行動療法。

所属学会は日本認知・行動療法学会、日本ストレスマネジメント学会。家族は夫と子ども3人、猫2匹。趣味はジョギング。

著書に『マナー・コミュニケーションスキル帳』（山蔦圭輔らとの共著、Gakken）がある。

［出版コーディネート］　小山睦男（インプルーブ）
［ブックデザイン］　植竹 裕（UeDESIGN）
［カバー＆本文イラスト］　うつみ ちはる
［DTP制作］　金田光祐（ニホンバレ）

スタンダーズの本

最高年収6602万円のBtoB営業ウーマンが教える

おじキラー営業術

おじさんとの本音の「コミュ力」を身につけて、楽しく働いてたっぷり稼ぐための成功法則

加藤 夏美（外資系IT法人営業／元日本IBM株式会社）［著］
四六判並製／216ページ／定価1,650円（本体1,500円+税）

「できない子」だったはずなのに、BtoB営業として楽しく働きながら、最高年収6,602万円! ポイントは本音を素直に表現できるか、素直に人に甘えられるか!? 元アイ・ビー・エム女性営業が、どんなに自信のない若手営業マンでも稼げる秘訣を、徹底的にわかりやすく教えます。

自由な職場をつくり、チームの力を最大限に引き出すための

よくわかる！心理的安全性入門

2023年5月5日　初版第1刷発行

著者　大村美樹子
編集人　河田周平
発行人　佐藤孔建
印刷所　三松堂印刷株式会社
発行　スタンダーズ・プレス株式会社
発売　スタンダーズ株式会社
〒160-0008
東京都新宿区四谷三栄町12-4　竹田ビル3F
営業部　Tel.03-6380-6132　Fax.03-6380-6136
https://www.standards.co.jp/